CW01371954

ANTOLOGÍA POÉTICA

LITERATURA HISPANOAMERICANA

Archivo General de la Nación

Fancisco de Quevedo

FRANCISCO DE QUEVEDO

ANTOLOGÍA POÉTICA

Edición de Pablo Jauralde Pou

BIBLIOTECA DE LITERATURA
HISPANOAMERICANA

COLECCIÓN AUSTRAL
ESPASA CALPE

COLECCIÓN AUSTRAL
Biblioteca de Literatura Hispanoamericana
Director: Ricardo Ibarlucía

Maqueta de cubierta: Juan Andralis
Diagramación: Carolina Schavelzon / Departamento
de Diseño de Espasa Calpe Argentina

Primera edición: 1943
© 1991: Espasa Calpe S. A.,
    Madrid
Reimpresión para:
    Compañía Editora Espasa Calpe Argentina S.A.
    Tacuarí 328, 1071 Buenos Aires
    Primera reimpresión en esta biblioteca: agosto de 1993
    Hecho el depósito que indica la ley 11.723
    ISBN 950-852-045-0
    Impreso en la Argentina

Ninguna parte de esta publicación, incluído el diseño de la cubierta, puede ser reproducida, almacenada o transmitida en manera alguna ni por ningún medio, ya sea eléctrico, químico, mecánico, óptico, de grabación o de fotocopia, sin previo permiso del editor.

ÍNDICE

INTRODUCCIÓN de Pablo Jauralde Pou	15
I. Época	15
II. Vida y Obra de Quevedo	21
III. El poeta	27
BIBLIOGRAFÍA SELECTA	63
LA PRESENTE ANTOLOGÍA	65

ANTOLOGÍA POÉTICA

I. POESÍA GRAVE	69
Enseña a morir antes y que la mayor parte de la muerte es la vida, y ésta no se siente, y la menor, que es el último suspiro, es la que da pena	71
Represéntese la brevedad de lo que se vive y cuán nada parece lo que se vivió	72
Significase la propria brevedad de la vida, sin pensar, y con padecer, salteada de la muerte	72
Repite la fragilidad de la vida y señala sus engaños y sus enemigos	73
Prevención para la vida y para la muerte ...	73
Arrepentimiento y lágrimas debidas al engaño de la vida	74

Conoce la diligencia con que se acerca la muerte, y procura conocer también la conveniencia de su venida, y aprovecharse de ese conocimiento 75
Contiene una elegante enseñanza de que todo lo criado tiene su muerte de la enfermedad del tiempo 75
Descuido del divertido vivir a quien la muerte llega impensada 76
Salmo 77
Salmo 77
Salmo 78
Salmo 78
Salmo 79
Salmo 80
Enseña cómo no es rico el que tiene mucho caudal 80
Por más poderoso que sea el que agravia,, deja armas para la venganza 81
Peligro del que sube muy alto, y más si es por la caída de otro 81
Aconseja a un amigo, que estaba en buena posesión de nobleza, no trate de calificarse, porque no le descubran lo que no se sabe 82
Contra los que quieren gobernar el mundo y viven sin gobierno 83
Advertencia a España de que ansí como se ha hecho señora de muchos, ansí será de tantos enemigos invidiada y perseguida, y necesita de continua prevención por esa causa 84
Difícil, aunque le llamaron fácil, pero sólo medio verdadero de tener riqueza y alegría en el ánimo 85
A un caballero que con perros y cazas de montería ocupaba su vida 85

Aconseja a un amigo no pretenda en su vejez 86
Conveniencias de no usar de los ojos, de los oídos y de la lengua 86
Privilegios de la virtud y temores del poder violento 87
Imagen del tirano y del adulador 88
Enseña no ser segura política reprehender acciones, aunque malas sean, pues ellas tienen guardado su castigo 88
Ruina de Roma por consentir robos de los gobernadores de sus provincias 89
Amenaza de la inocencia perseguida, que hace al rigor de un poderoso 90
Hablando con Dios 90
Abundoso y feliz Licas en su palacio, sólo él es despreciable 91
Comprehende la obediencia del mar y la inobediencia del codicioso en sus afectos. 92
Es amenaza a la soberbia y consuelo a la humildad del estado 92
Virtud de la música honesta y devota con abominación de la lasciva 93
Desengaño de la exterior apariencia con el examen interior y verdadero 93
Enseña que, aunque tarde, es mejor reconocer el engaño de las pretensiones y retirarse a la granjería del campo 94
Desde la Torre 95
Soneto 95
En la muerte de Cristo, contra la dureza del corazón del hombre 96
A una iglesia muy pobre y obscura, con una lámpara de barro 97
Dios nuestro señor, cuando truenan las nubes, despierta del sueño del pecado al alma adormecida, y con el rayo que hiere los montes solicita el escarmiento de las

culpas, que le merecen mejor que los robles. 97
A Roma sepultada en sus ruinas 98
A un retrato de Don Pedro Girón, Duque de Osuna que hizo guido boloñés, armado y grabadas de oro las armas 99
Exhortación a la majestad del rey nuestro señor Felipe IV para el castigo de los rebeldes 99
Memoria inmortal de don Pedro Girón, duque de Osuna, muerto en la prisión 100
Túmulo de don Francisco de Sandoval y Rojas, duque de Lerma y cardenal de Roma. 101
Salmo 101
Salmo 102
El Escarmiento 104
Al pincel 108
A una mina 113
El reloj de arena 116
Reloj de campanilla 117
El sueño 118
Himno a las estrellas 121
Jura del Serenísimo Príncipe don Baltasar Carlos en domingo de la Transfiguración. 123
Epístola satírica y censoria contra las costumbres presentes de los castellanos, escrita a don Gaspar de Guzmán, conde de Olivares, en su valimiento 130
Sermón estoico de censura moral 138

II. POESÍA AMOROSA 151
Amante ausente del sujeto amado después de larga navegación 153
Compara con el Etna las propriedades de su amor 153
Con ejemplos muestra a Flora la brevedad de la hermosura para no malograrla 154
Compara el curso de su amor con el de un arroyo 155

Finge dentro de sí un infierno, cuyas penas procura mitigar, como Orfeo, con la música de su canto, pero sin provecho 155

Amante que hace lección para aprender a amar de maestros irracionales 156

Ardor disimulado de amante 157

A Aminta, que se cubrió los ojos con la mano 157

Quiere que la hermosura consista en el movimiento 158

Quejarse en las penas de amor debe ser permitido y no profana el secreto 159

Amor que sin detenerse en el afecto sensitivo pasa al intelectual 159

Amante agradecido a las lisonjas mentirosas de un sueño 160

Soneto amoroso 160

Soneto amoroso 161

Soneto amoroso 161

Que de Lisi el hermoso desdén fue la prisión de su alma libre 162

Retrato no vulgar de Lisi 163

Comunicación de amor invisible por los ojos ... 163

Peligros de hablar y de callar, y lenguaje en el silencio 164

Dice que su amor no tiene parte alguna terrestre 164

Amor impreso en el alma, que dura después de las cenizas 165

Advierte con su peligro a los que leyeren sus llamas 166

Sepulcro de su entendimiento en las perfecciones de Lisi 166

Retrato de Lisi que traía en una sortija 167

Amor de sola una vista nace, vive, crece y se perpetúa 167

Amor constante más allá de la muerte 168

Solicitud de su pensamiento enamorado y ausente 168
Amante desesperado del premio y obstinado en amar 169
Exhorta a los que amaren, que no sigan los pasos por donde ha hecho su viaje 170
Lamentación amorosa y postrero sentimiento de amante 170
Prosigue en el mismo estado de sus afectos. 171
Desea para descansar el morir 171
Amante apartado, pero no ausente, amador de la hermosura de l'alma, sin otro deseo. 172
Refiere la edad de su amor y que no es trofeo del poder del que llaman Dios, sino de la hermosura de Lisi 173
A Lisida, pidiéndole unas flores que tenía en la mano y persuadiéndola imite a una fuente 173
Dice que como el labrador teme el agua cuando viene con truenos, habiéndola deseado, ansí es la vista de su pastora 174
Soneto amoroso 174
Soneto amoroso 175

III. POESÍA FESTIVA 177
Encarece los años de una vieja niña 179
A un hombre de gran nariz 179
Mujer puntiaguda con enaguas 180
Prefiere la hartura y sosiego mendigo a la inquietud magnífica de los poderosos 181
Calvo que no quiere encabellarse 181
Bebe vino precioso con mosquitos dentro... 182
Al mosquito de la trompetilla 183
Pronuncia con sus nombres los trastos y miserias de la vida 183
Vieja verde, compuesta y afeitada 184
Pinta el «Aquí fue Troya» de la hermosura. 185
Hermosa afeitada de demonio 186

A una roma pedigüeña además	186
A uno que se mudaba cada día por guardar su mujer	187
Soneto	188
Soneto	188
A una vieja	189
Receta para hacer Soledades en un día	190
Contra D. Luis de Góngora y su poesía	190
Al mesmo D. Luis	191
Al mesmo Góngora	192
Letrilla satírica	192
Letrilla satírica	195
Boda y acompañamiento del campo	198
Un figura de guedejas se motila en ocasión de una premática	201
Los borrachos	203
Boda de negros	208
Varios linajes de calvas	211
Descubre Manzanares secretos de los que en él se bañan	214
Matraca de las flores y la hortaliza	217
Refiere su vida un embustero	221
A la perla de la mancebía de las Soleras	225
Alega un marido sufrido sus títulos en competencia de otro	227
Carta de Escarramán a la Méndez	231
Respuesta de la Méndez a Escarramán	235
Villagrán refiere sucesos suyos y de Cardoncha	241
Relación que hace un jaque de sí y de otros	246
Jacarandina	252
Los borrachos	256
Los valientes y tomajonas	259
Otras	265

INTRODUCCIÓN

I. ÉPOCA

La biografía de Francisco de Quevedo llena una época de nuestra historia calificada artísticamente como Siglo de Oro: desde 1580 a 1645.

El cruce entre esos dos siglos se nos presenta como un lugar histórico enormemente complejo y rico, en el cual uno de los rasgos de mayor relieve es el contraste entre el mundo político y el quehacer artístico.

En 1580 la expansión del «Imperio» de los Austrias ha alcanzado su mayor grado con la anexión de Portugal. Sin embargo, España empleará apenas un siglo (desde 1598, fecha de la muerte de Felipe II, hasta 1700 en que muere Carlos II) para descender desde la preeminencia política al rango de segunda potencia. El dominio imperial se mantiene a duras penas con la fragilidad de la fuerza y el arrojo de los tercios en Flandes, Italia —Milán, Sicilia y Nápoles—, plazas del norte de África y «en el cerco ignorado de la otra bola» del mundo, en América. La quiebra de los ideales universalistas que España había proyectado en Europa empiezan a manifestarse ya en 1609 con el abandono por parte de Felipe III del programa de la lucha religiosa —tregua de los Doce Años—. El proceso terminará en 1648, cuando los tratados de Westfalia fragmentan definitivamente a Europa en un conjunto de Estados soberanos. Durante estos años España será poco a poco derrotada, viéndose obligada a olvidar sus ideales imperialistas. El mismo proceso tiene lugar en cuanto a la política interior se refiere. El intento de creación de un Estado moderno centralizado que sirviera eficazmente a sus ideales en el mundo no llegó a materializarse. Hacia 1640 España posee una estructura peninsular neoforalista donde no existe cohesión interna. Aragoneses y navarros continúan manteniendo sus fueros y privilegios, de modo que todo el peso del prestigio y la guerra, toda la política externa de los Austrias, se apoya en Castilla.

El fracaso político de la monarquía fue paralelo al desbarajuste económico y social. La sociedad de la época mantiene esquemas feudales todavía muy fuertes, aunque la cuña del dinero ha rehecho aquí y allá el cuadro de una sociedad fuertemente jerarquizada en la que la sangre y el poder suelen aunarse en los cuadros de la nobleza. Los valores de esa sociedad, por debajo del dosel monárquico —de la monarquía autoritaria—, se basan por tanto en el linaje, en el escurridizo concepto de «la sangre» y en el poder del dinero.

El concepto del «linaje» será de vital importancia tanto en el aspecto social como económico, al tener la nobleza castellana enormes prejuicios acerca de las actividades económicas. El oficio digno del caballero y del hidalgo son las armas, el servicio al rey y el empleo en la Corte. Por muy necesitados que estuvieran, consideraban ofensivo mancharse las manos con ese tabú que eran los oficios mecánicos. Este concepto social peyorativo del trabajo impregna las leyes y las costumbres de la España del Seiscientos. En efecto, un barbero, un sastre o un zapatero no podían gozar de los privilegios de la hidalguía (exención de quintas, levas o impuestos; acceso a las dignidades sociales y a los cargos públicos). Las clases productoras, merecedoras en este período de las peores consideraciones, no eran siquiera admitidos en funciones y empleos municipales.

La vida cortesana en el Madrid de Felipe IV convirtió

a la nobleza en servidumbre palaciega orgullosa de su linaje y de su misión cercana al rey. Como el trabajo fuera considerado una deshonra, todas las capas sociales aspiran a los grados de la nobleza, desestimando aquellas ocupaciones que no fueran el servicio en la Corte. No sólo la burguesía trabajadora procuraba encontrar un hueco en la aristocracia comprando títulos nobiliarios con los beneficios de sus negocios. La manía hidalguista y caballeresca afectó también a las clases inferiores. Los campesinos huyen del ambiente rural e invaden las ciudades. Con tal de no pechar (obligación de villanos y plebeyos) se incorporan al ejército, emigran a América, forman parte del clero o liquidan su modesto caudal para adquirir el grado de hidalgo.

Esta mentalidad que desprecia el trabajo y deshonra a los trabajadores había de conducir necesariamente hacia una situación económica desastrosa. Cosechas ridículas, emigración, impuestos, guerras y el auge de la miseria señalan el declive agropecuario, industrial y mercantil del siglo XVII en España.

Si resulta claro que los desposeídos de linaje o los que carecen de dinero constituyen fantoches que la literatura de la época ridiculiza (como los «hidalgos» hambrientos de la picaresca), el concepto de «sangre» y el de «honra» introduce un correctivo peculiar en la España áurea. La pureza de sangre estribaba en no haber sido contaminado su linaje por sangre morisca o conversa, es decir, en no tener entre sus antepasados ningún descendiente de otras castas, principalmente la judía y la mora. Ello permitía, como cristiano viejo, sustentar honra. Las implicaciones de este fenómeno, de raíces peculiarmente históricas —la convivencia de religiones y razas en la Península durante largo tiempo—, son enormes. Podemos hablar incluso de una especie de justificación popular frente a los movimientos sociales de la época. Por una parte, la nobleza estaba fuertemente «contaminada»; por otra, el poder del dinero había elevado a los judioconversos a situaciones de privilegio, gracias a los beneficios que proporcionaban sus actividades económicas, mercantiles y comerciales. La limpieza de sangre era el único método para frenar en lo posible la intensa movilidad jerárquica y clasista que toda época de crisis trae consigo. El orgullo de la vieja casta —la de los cristianos, ahora «viejos»— degradaba, aunque fuera desde su pobreza y su miseria inoperante, a los que trataban de ascender a imponerse con otras armas que no fueran las de la guerra, sino las del comercio.

La red social de la España áurea iba tomando una forma peculiar, en la que destacaban las enormes aglomeraciones urbanas, con Sevilla y Madrid a la cabeza. Las grandes ciudades se convirtieron en lugares de emigración del campesinado arruinado, de jornaleros y vagabundos que engrosaban la plebe. Esta masa urbana estaba dominada por una tupida maraña de funcionarios de todos los niveles y por el patriciado urbano que —por debajo de la nobleza— todavía ocupaba los cargos más importantes en Consejos, mandos militares y cargos diplomáticos. Así era el mundo de la Corte en el que se educó Quevedo y al que más tarde se entregaría en un afán de medro cortesano, bien como secretario de nobles y aun del rey, bien como encargado de misiones diplomáticas o escritor que prestaba su pluma a bandos o privados.

Pero el mundo urbano del siglo XVII contiene muchos más ingredientes que esa mera aglomeración disforme de gentes que ofrecían continuamente como mejor mercancía sus «servicios» (secretarios, mozos, procuradores, mendigos, prostitutas...). Quevedo, por ejemplo, pudo ver cómo pintaban en palacio Rubens, Zurbarán o Velázquez; acompañó a Ribera en Nápoles; escucharía las melodías del Maestro Capitán; visitó al Monarca en El Escorial y Aranjuez; vio levantarse el Palacio del Buen Retiro y quemarse la reciente Plaza Mayor; asistiría a los primeros estrenos de Calderón en el Coliseo; charlaría brevemente con Cervantes o Lope, convecinos suyos en la Parroquia de San Sebastián... Hoy día nos resulta casi inimaginable la plétora de acontecimientos, efemérides y personas que iban haciendo la historia de ese medio siglo XVII (1600-1650) tan justamente calificado de Oro, por más que termine políticamente con el definitivo declive del Imperio de los Austrias.

El centro de la Corte y la clave del Imperio era el Monarca, la Monarquía absoluta que, desde la muerte de Felipe II antes de abrirse el nuevo siglo, se apoyaba en una complicada red burocrática gobernada por un privado. Los Duques de Lerma y de Uceda —con Felipe III—, y el todopoderoso Conde-duque de Olivares —con Felipe IV— cumplieron esa misión durante la primera mitad del siglo. Los Consejos hacían los cometidos de los actuales Ministerios, en tanto los «secretarios» cumplían el del alto funcionariado. Pero la pesada máquina burocrática estaba lejos de ser tan ágil y efectiva como hubiera sido necesario para gobernar medio mundo. La incapacidad y la corrupción fueron los dos vicios más frecuenes que impidieron una política administrativa enérgica y resolutiva. En tanto, un exquisito ceremonial protocolario era lo típico de las «formas» de Palacio.

El crecimiento de las ciudades tenía su contrapartida en la despoblación rural y en el abandono de los oficios mecánicos. España era, en frase archirrepetida, «un país encantado», porque la plata que la flota traía cada año de América permitía que hubiera abundante dinero (siempre empeñado, para las guerras, a banqueros alemanes y genoveses), aunque los impuestos continuos y el tratamiento denigrante de los trabajadores y comerciantes —por la cuestión del honor, ya que «manchaban» sus manos con esos trabajos— suponía la ruina de los pequeños comerciantes y la continua quiebra de los centros de producción.

Al menos dos elementos más hace falta traer a colación para el esquema mínimo de esta sociedad: el papel de la mujer y el elemento moral y religioso.

La sociedad española del siglo XVII fue una sociedad

patriarcal. El papel de la mujer en el entramado social era mínimo, limitándose a su función de consorte o complemento del varón en toda la escala civil, desde la noble idealizada hasta la prostituta callejera. Pocas veces como en la época humanística y barroca la función social de la mujer estuvo tan determinada por prejuicios morales severos y discriminatorios. Contrasta, por ello mismo, el altísimo papel que escritores y poetas la reservaron en sus obras.

En cuanto al elemento religioso, la sacralización de la vida fue total, tras el breve estallido humanista —a comienzos del siglo XVI— para liberar el mundo de la cultura y de la vida cotidiana de sus trabas religiosas. La esfera de lo religioso empapó casi todas las actividades, desde la política —los decretos del Concilio de Trento convertidos en leyes del Estado por Felipe II— hasta la literaria, algunas de cuyas manifestaciones tuvieron un esplendor inusitado (autos sacramentales, beatificaciones y canonizaciones, sermones, etc.). La religión impuso su forma de vida y su ideología para mantener la cohesión política, resquebrajada en otros lugares precisamente por problemas religiosos (protestantismo). La Inquisición fue el brazo riguroso que se encargó de aplicar la cura y la disciplina para esa unidad, que de todos modos, al menos en el aspecto religioso puro, fue una vocación mayoritaria en la España de los Austrias. Historiadores y críticos hay, con todo, que explican la cultura del Barroco como una cultura conservadora, dirigida o proyectada sobre la plebe para mantener el sistema ideológico neofeudal de las clases dominantes.

Sea como fuere, la moralidad de la época poco tiene que ver con el sentido religioso apuntado. El estricto ideario impuesto por la religiosidad en vigor no impedía la existencia de una general relajación de costumbres denunciado desde el púlpito o la pluma. Sólo una minoría social entendió la doctrina católica como el desarrollo de las virtudes cristianas. Fruto de la crisis espiritual de la época, el sentimiento religioso se limitaba las más de las veces al puro exhibicionismo de fórmulas estereotipadas dentro del ambiente frívolo y cortesano que dominaba la España del siglo XVII.

En definitiva, frente a la expansión vital del Renacimiento, la época llamada Barroca —el siglo XVII— se caracteriza frente a la anterior por esa falta de conciencia de estar viviendo un «renacimiento», un modo distinto de entender la vida en todos sus aspectos. Al contrario, la falta de sentido crítico positivo de los escritores del siglo XVII les lleva a los consabidos tópicos de la literatura barroca: el desengaño, el sentimiento de amargura por el paso del tiempo, la vanidad de las cosas, las falsas apariencias, el escarmiento y el mundo al revés... Pero todo ello dentro de los cauces formales que el Renacimiento había abierto, de modo que la nueva literatura «suena» parecido (las mismas formas métricas, los mismos géneros, la misma o semejante retórica, las mismas fuentes...) pero es distinta. Es cierto que, en cada caso concreto, un análisis minucioso puede descubrir mayores diferencias, pero la onda renacentista impregnó toda la literatura europea durante varios siglos, y el barroco fue el primer movimiento que tuvo que expresar con formas heredadas sentimientos nuevos. De ahí, entre otras razones, el marcado carácter formal de la literatura barroca, con el sello inconfundible de un estilo denso, original y difícil.

II. VIDA Y OBRA DE QUEVEDO

Francisco de Quevedo y Villegas nació en Madrid el 17 de septiembre de 1580. Sus padres, oriundos de la montaña santanderina, eran funcionarios palaciegos. Estudió con los jesuitas, que influyeron claramente en aspectos de su ideología beligerante y en algunas de sus preferencias literarias —por ejemplo, el gusto por las biografías— y en la Universidad de Alcalá, para, al parecer, terminar sus estudios de Teología en la Universidad de Valladolid.

Cuando el 1 de junio de 1600 obtiene el grado de bachiller ya ha aparecido alguna poesía suya en preliminares de libros, pero su labor más intensa en este sentido se detecta en el corto período vallisoletano (1601-1606), acompañando el traslado de la Corte. De esos años data su correspondencia con el humanista flamenco Justo Lipsio, de la que tanto presumirá y que, en definitiva, encauzará su neoestoicismo latente. En la nueva corte vallisoletana corren sus escritos festivos mofándose de tipos y acaeceres cotidianos: las nuevas pragmáticas o leyes, los modos de hablar de la gente, la pululación de poetas, etc. Allí choca con Góngora, el poeta mayor y ya consagrado, del que le separan también distintas concepciones estéticas. La enemistad Góngora-Quevedo será todo un capítulo de nuestra historia literaria, llamativamente escandaloso a propósito de las traducciones quevedianas del Anacreón (hacia 1609); cuando Góngora hace llegar a Madrid los manuscritos de sus dos grandes poemas, las *Soledades* y el *Polifemo;* cuando Quevedo obtiene el hábito de Santiago (1617), y a raíz de la muerte del poeta cordobés (1627), ocasión para la que, además de unos sangrantes epitafios, Quevedo redacta *La Culta Latiniparla* y *La aguja denavegar cultos,* e imprime como antídoto contra los comentaristas de Góngora las poesías de Francisco de la Torre y de Fray Luis de León (ambas publicadas en 1631).

Vuelto a Madrid con la Corte, en 1605, asoma al mundo frívolo y cortesano de la época con actividades literarias de mayor enjundia, particularmente con los *Sueños,* y se arrima a la alta nobleza en busca de medro social, económico y, quizá, profesional. De esta época (1609) es el inicio de sus larguísimos pleitos con la Torre de Juan Abad, lugar al sur de Ciudad Real, del que acabará por ser «señor» (en 1620), pero con el que seguirán pleiteando, incluso hasta sus descendientes. Quevedo convertirá este rincón, entre andaluz y manchego, en un refugio permanente donde huir en momentos de abatimiento, desilusión o cansancio; pero también será el lugar a donde se le destierre cuando su voz sea molesta o inoportuna.

El primero de los *Sueños* estaba redactado ya en 1605. Con la dedicatoria de 1608, Quevedo da por concluido el *Sueño del infierno,* segundo de la serie, que se adivina formándose al tiempo que se escribe. De 1609 son su *Paráfrasi y traducción de Anacreonte, Discurso de la vida y tiempo de Phocilide,* y *España defendida de los tiempos de ahora,* su obra más interesante de estos años, incompleta, en la que alienta ya el tema de España como problema.

En 1610 pretende publicar el *Sueño del juicio final,* pero se le niega el permiso aduciendo que el estilo es chabacano; en realidad, el juicio encierra que lo chabacano era para el censor, un dominico, la despiadada y grotesca utilización de los grandes mitos del catolicismo: el infierno, los condenados, la muerte, la eternidad, etc. Hacia 1612 tiene preparado *El mundo por de dentro,* tercer sueño, que dedica al Duque de Osuna. En 1613 envía a su tía Margarita el *Heráclito cristiano,* y a fray Juan de Montoya las *Lágrimas de Jeremías castellanas.* La primera, impresionante colección de poesías de carácter existencial, que muestran ya a Quevedo como poeta hecho totalmente, con esa inclinación hacia la expresión y el pensamiento neoestoico, sobre todo en los momentos de mayor angustia. En efecto, los años de 1609-1612, han debido de ser los de una honda crisis —¿reflejo personal de la crisis histórica?—, con su correlato expresivo. De estos años es con bastante probabilidad la redacción de su primer esbozo de la doctrina neoestoica, es decir, el *Nombre, origen, intento, recomendación y descendencia de la doctrina neoestoica.*

En 1613 Quevedo viaja a Sicilia. Ha conseguido la amistad y el favor nada menos que del Duque de Osuna, el nuevo virrey, quien le toma a su servicio como secretario, amigo y confidente durante el período 1613-1619.

La etapa política y diplomática de Quevedo está llena de avatares, no siempre limpios, que le llevan de un lado a otro al servicio de la política del Duque, personaje que fascinó a nuestro autor y en quien, probablemente, cifró el modelo de político que España hubiera necesitado. Pero al cabo, Quevedo se vio también envuelto en la densa madeja de intereses, envidias y revanchas que estallaron a la muerte de Felipe III (1619). Aunque salvó la vida y escapó a la prisión —en tanto se ajusticiaba a Rodrigo Calderón o se encarcelaba al Duque—, la vocación política de Quevedo quedó profundamente marcada por estos años y, probablemente, definitivamente frustrada.

En tanto la Corte se conmovía con los sucesos que acabamos de citar, Quevedo escribía —con esa preferencia suya por comentar el hecho candente, es decir, con vocación periodística— los *Grandes anales de quince días,* es decir, el relato de todo lo que sucedía en los primeros quince días del reinado de Felipe IV, obra también inconclusa. Por los mismos años, en 1619, tenía redactado también un denso ensayo político-moral, la *Política de Dios,* tratado evangélico en el que se medita sobre el papel cristiano de los privados. La perplejidad de Quevedo sobre qué hacer con esta obra trasciende, por ejemplo, en las dedicatorias y condiciones de su publicación: el libro podía ser explosivo en un momento en que rodaban las cabezas de los viejos privados y la nueva privanza estaba todavía en el aire. La obra se publicará, finalmente, sin su permiso, en 1626.

En efecto, esto es lo que va a ocurrir con una parte sustancial de su obra. Acallada la tormenta de los años de transición, hacia 1626, sus obras comienzan a publicarse en ediciones sobre todo aragonesas, al parecer sin su permiso. Así se imprime por primera vez *El Buscón,* cuya redacción pudo haberse comenzado hacia 1604; los *Sueños* y algunas obras festivas menores; *La política de Dios,* etc. La situación en que quedaba Quevedo con estas ediciones no era nada cómoda. Son los años de nuevas polémicas que trascendieron muchísimo, por ejemplo al oponerse al copatronazgo de Santa Teresa en España, defendiendo la vieja tradición de Santiago Apóstol. Su *Memorial por el patronato de Santiago* es de 1628, y *Su espada por Santiago,* del año siguiente. Pero también, como dijimos, la polémica contra los gongorinos, a la muerte del maestro cordobés. La publicación de algunas de sus obras más escandalosas —en el sentir de la época—, como el *Buscón* o los *Sueños,* y su probable inclusión en un próximo *Índice de libros prohibidos,* debilitaba sus argumentos y posturas en otros campos. Ésa fue la razón por la que Quevedo optaría por preparar su propia edición de las obras profanas más censuradas, autoexpurgándolas. La «vulgata» de sus obras festivas se publicó en 1631 con el significativo título de *Juguetes de la niñez y travesuras del ingenio,* pero allí no dio cabida ni al *Buscón* ni a los opúsculos más procaces.

La otra vertiente de su producción durante estos años son las obras escritas para halagar al valido de turno o a su política, como el libelo anónimo que titula *El chitón de las tarabillas* (de 1630), escrito en favor de las medidas económicas del Conde-Duque de Olivares. O *Lince de Italia o zahorí español,* en el que expone sus amplios conocimientos de los asuntos de Italia, ofreciéndose como leal vasallo de la corona en unos momentos en que los asuntos político-militares de Italia se habían enconado aún más.

Hacia 1631 —reconciliado totalmente con el mundo cortesano más frívolo y superficial— comienza a percibirse un cambio de tono muy significativo en algunos de sus escritos, quizá como reafirmación de sus convicciones morales y políticas. De estas fechas son obritas como la *Doctrina moral del conocimiento propio y desengaño de las cosas ajenas,* en las que se expresa la desilusión y el desengaño, muy cercanos a la realidad que le rodeaba. En esa obrita se hallan los fundamentos de *La cuna y la sepultura,* la expresión más acabada del pensamiento neoestoico de Quevedo, de estilo seco y recio, lleno de gravedad.

Los años que siguen son de una incesante actividad creadora. Hacia 1632 empieza a redactar la primera parte del *Marco Bruto*, que no se publicará hasta 1644. En 1634 publica *La Cuna y la sepultura*, termina la redacción de *Los remedios de cualquier fortuna*, consigue las aprobaciones de la *Introducción a la vida devota*, de San Francisco de Sales, y envía la primera de las epístolas que constituirán la *Virtud militante*. En 1635 publica la *Carta al serenisimo Luis XIII*, panfleto político y patriótico provocado por la reciente declaración de guerra. Su ingenio mordaz ahora permanece oculto, pero existe, o aparece anónimamente, por ejemplo cuando deja circular (hacia 1632) *La Perinola*, contra Pérez de Montalbán y los libros de misceláneas. Algunos opúsculos festivos datan, sin duda, de estos años, por ejemplo la carta en la que describe las *Calidades de un casamiento*, epístola entre veras y burlas, ya que en 1635 presiones sociales y comentarios amistosos le obligaron a casarse con una viuda, doña Esperanza de Mendoza, con la que apenas convivió algunos días, sin dejar mayor huella en el poeta. Y ya que hablamos de su veta mordaz y festiva, la obra mayor en este terreno, *La hora de todos y la fortuna con seso* (se publicará en 1651) probablemente se está redactando durante estos años.

Quevedo, hombre y escritor polémico si los hubo, ha ido concitando a lo largo de su existencia enemistades y rencores sin cuento, qué duda cabe. Por eso no es nada extraño la confabulación que supone en 1635 la publicación, en Valencia, de *El Tribunal de la justa venganza*, libelo en el que se le ataca sin piedad y en el que se pasa revista a toda su obra publicada o no. La obra se editó como anónima, y Quevedo consiguió que la Inquisición la retirara de la circulación, pero no era difícil adivinar el material de acarreo que enemigos como Pacheco —el maestro de esgrima que ridiculiza en los *Sueños* y en el *Buscón*—; el padre Aliaga —el confesor de Felipe III, con quien también tuvo problemas hacia los años veinte—; el padre Pineda, que le censuró la *Política de Dios;* Alonso Pérez —el padre de Montalbán, contra el que tantos dardos disparó en *La perinola*—; etc., llevaron a la obra para desprestigiar a Quevedo.

Es llamativamente poco lo que se sabe de él en los años que precedieron (1636-9) a su inesperada prisión en el Convento de San Marcos de León, en donde permanecerá —acusado de traición y de confidente de los franceses— durante tres años y siete meses. Allí escribe, además de otros opúsculos menores, sus grandes obras neoestoicas, la *Providencia de Dios* (sólo se publicará en 1700), *La constancia y paciencia del Santo Job* (también publicada por primera vez en 1700), y *La caída para levantarse... Vida de San Pablo,* obra que termina a poco de ser puesto en libertad, en junio de 1643 (y se publica en 1644).

La vejez, la enfermedad y la prisión van acabando con su vida, de modo que cuando —después de muchos memoriales y protestas—, con el cambio de gobierno que supone la caída del Conde-Duque, se le deja en libertad, casi tiene otra vez que «aprender a andar», como comenta en una carta de la época. Vuelve brevemente a Madrid, durante un año escaso, para ocuparse de sus asuntos, de su casa y de sus obras; y se retira definitivamente a La Torre de Juan Abad, para preparar una edición de sus obras en verso y en prosa, cosa que la muerte ataja, en el convento de Santo Domingo de Villanueva de los Infantes, el 8 de septiembre de 1645.

III. EL POETA

Como poeta, se dio a conocer bien temprano. Apenas había cumplido los diecinueve años cuando ya aparecen (1599) algunos poemas laudatorios suyos precediendo, como era costumbre, a libros ajenos de poca monta. Sólo cuatro años más tarde, un feliz antólogo y excelente poeta, de su edad, Pedro Espinosa (1578-1660) dice que recoge dieciocho poemas de Quevedo de un «cartapacio» suyo para incluirlas, con algún problema de censura, en las *Flores de poetas ilustres* (preliminares de 1603, publicadas en 1605), codeándose con los más renombrados —y más viejos—, por ejemplo, con Lope, con Góngora, con los Argensolas, con Arguijo, etcétera. Miguel de Madrigal, dos años más tarde, selecciona cuatro romances quevedianos para la *Segunda parte del romancero general y flor de diversa poesía* (1605). Ya por entonces el precoz escritor, sin terminar sus estudios de Teología en Valladolid, ha cruzado ingeniosos y crueles versos con el más viejo, Góngora, para morboso deleite de cortesanos. De manera que recogiendo toda su obra poética temprana y dispersa, fechando sin excesivo riesgo lo que hemos conocido por ediciones y manuscritos posteriores, un regular corpus poético nos muestra a Quevedo como poeta ingenioso que cultiva tonos, temas y metros variados. Pero él no ha publicado realmente nada, «se lo han» publicado. Y ése será un rasgo bien firme de toda su obra poética. Nada consistente y propio publicará en vida, aunque sepamos, por su correspondencia, que en los años finales (1644-1645) preparaba una edición de su obra completa, incluyendo versos, edición que, mejor o peor, aparecería póstuma.

A pesar de no publicar —de no «imprimir», diríamos en rigor—, su obra poética se conoce y se propala, seguramente con rapidez y eficacia, aunque no con el rigor que los editores actuales habrían deseado para hacer libros como éste. Quevedo la da a conocer a través de copias manuscritas, a los amigos, a los amigos de los enemigos, a los allegados, a los que le protegen, quienes a su vez las copian o las transmiten a nuevos círculos, de modo que al final el poema es leído, conocido, recitado y hasta cantado públicamente como poema famoso a veces. ¿Por qué no se imprime? Hay varias razones; la primera, y la más sencilla, porque no era la impresión el modo corriente de publicación de la obra poética, sino precisamente el de la transmisión manuscrita que hemos esbozado arriba. La segunda —y derivada de la anterior—, porque ese modo de transmisión era suficiente para la época: llegaba adonde el autor quería que llegase. La tercera, por un pequeño cúmulo de razones históricas y sociales, entre las que podemos citar para ilustración algunas: muchos eran poemas circunstanciales a los que Quevedo no otorgaba —por lo menos inicialmente— valor de perennidad, sino poemas jocosos y comunicativos que cumplían su función en un determinado momento o lugar, y nada más; otros eran verdaderos navajazos y exabruptos que el autor lanzaba y para los que dejaba siempre la puerta abierta a la retracción («no son míos»), como hizo bonitamente con *El Buscón* y parte de su obra festiva corta. Otros eran quizá —pienso en las poesías líricas y amorosas— destellos íntimos de una personalidad poco dada a sentimentalismos externos y nada amiga de regalar a los lectores con análisis profundos de sus propias vivencias y sensaciones. Existía, en fin, y de modo generalizado, una cierta arrogancia del poeta-mago, muy extendida en la época, que negaba a sus criaturas el ropaje impreso de la cultura de masas, aquello con lo que se comerciaba, que se obtenía por dinero y que consumía el «vulgo». Así lo explicaba Cervantes en el *Quijote* y así lo hacía Góngora con sus mayores poemas.

Aun con todo eso, Quevedo sí que recopiló de vez en cuando retazos de su quehacer poético en cuadernos manuscritos y los hizo llegar, a modo de libro, con dedicatoria. Pero esto ocurre con colecciones muy particulares —poemas morales, traducciones...— y en muy contados casos. Probablemente con sus traducciones del *Anacreón castellano* (1609), manuscrito que se encuentra en la Biblioteca Nacional de Nápoles. Con las *Lágrimas de Jeremías castellanas* (1613), y, sobre todo, con el *Heráclito Cristiano* (1613), preciosa colección de poemas morales y serios que envía a una tía suya, y quizá la única recopilación totalmente original. En el entretanto, cancioneros y romanceros insertaban poemas suyos, algunos tan generosamente como el *Cancionero antequerano* (27 poemas), manuscrito de hacia 1627-1628; o el también manuscrito *Cancionero de 1628*, que se conserva en la Biblioteca Universitaria de Zaragoza (46 poemas). A veces también en colecciones impresas, como los 15 poemas que recogen las *Maravillas del Parnaso y flor de los mejores romances graves* (1637); o los 33 de los *Romances varios de diversos auctores* (1643). Pero Quevedo, insistimos, no publicaba su obra original poética. Todavía en 1635 sacó en letra de molde una nueva colección, *Epicteto y Phocílides en español*, de poesías sólo parcialmente originales o con una originalidad escondida.

Por todo ello la noticia epistolar a que aludíamos antes es muy curiosa. Retirado en su pueblecito manchego, La Torre de Juan Abad, esperando tan sólo morir, Quevedo pule y prepara una edición de sus poesías. Y no sólo de sus poesías, también de sus obras en prosa. Quevedo fue uno de esos escritores que tuvo tiempo y serenidad para mirar brevemente hacia atrás antes de morir, quizá porque la obsesión de la muerte le había venido acompañando desde hacía mucho. Y en esa mirada reconoce su obra poética, se reconcilia hasta con los «papeles» más volanderos y piensa que ya no es tiempo de autocensuras por motivos sociales o políticos. Así debió de ser, porque la obra poética que dejó medio preparada para la imprenta es infinitamente más generosa que todo lo que se había publicado hasta entonces, y en ella daba amplia entrada a vetas —festiva, jocosa, incluso política— que hasta entonces había negado o había tratado como «juguetes de la niñez» o «travesuras del ingenio».

La historia textual que sigue es también complicada, pero al lector de esta antología le bastará con saber que la primera colección de poesías quevedescas apareció, ultimada para la imprenta por su amigo González de Salas, en 1648, con el título de *El Parnaso español*, monte en dos cumbres dividido; y que la segunda, que intentó completarla, malamente, lo hizo mucho más tarde, en 1670, con el título de *Las tres Musas últimas castellanas. Segunda cumbre del Parnaso español...*

Desde entonces y en una paciente, erudita y meritísima labor la crítica ha venido afanándose sobre este *corpus* poético disperso, a veces «en bruto», para dirimir cuáles fueron los auténticos poemas de Quevedo y cuál la forma adecuada que él hubiera querido legarnos. Esta antología se basa, sobre todo, en los esfuerzos de dos de dichos críticos: J. M. Blecua y J. O. Crosby.

Poesías heroicas

El Parnaso español (1648) se distribuye en seis secciones, que se corresponden aproximadamente a las seis musas o, lo que es lo mismo, a seis temas colocados bajo la clásica advocación de cada una de las seis primeras musas.

Clío, la Musa I, «canta poesías heroicas, esto es, elogios, memorias de príncipes y varones ilustres». Allí están, por ejemplo, algunos de sus sonetos al duque de Osuna, su mecenas; pero también otros poemas famosos como el dedicado a Roma («Buscas en Roma a Roma, ¡oh peregrino!»). Podemos referirnos a ellas al mismo tiempo que a los de la Musa III, Melpómene, que «canta ahora poesías fúnebres, esto es, inscripciones, exequias y funerales alabanzas de personas insignes». La mayoría de estos poemas, que agrupaciones de hoy suelen reunir como «elogios, epitafios, túmulos», son, por su carácter, fechables. Así se comprueba que están escritos en todas las épocas y todas las circunstancias, como contribución a una moda social y literaria que exteriorizaba en gesto poético todo lo que ocurría. Esa circunstancia los despersonaliza, a veces, y los hace algo fríos. Aunque no siempre es así: habría que distinguir entre los referidos a amigos, libros ajenos, hechos de la época, etc., y los que tienen una dimensión histórica peculiar, esto es, que no nacieron sólo determinados por una circunstancia inmediata, sino como meditación histórica de Quevedo. A veces utilizó estos últimos, retocados, para los elogios personales de la época: es decir, utilizó poesía histórica para poesía circunstancial, quizá dándose cuenta del supremo valor de aquélla.

La importancia de los poemas panegíricos, en el caso de los dirigidos a hechos y personajes de la época, estriba en los apuntes que nos proporcionan sobre el ideario político de Quevedo más que en su arte poética, demasiado constreñida —en tales casos— a fórmulas estereotipadas. En efecto, por debajo del hiperbólico encomio a ministros, reyes y generales, el belicismo de Quevedo apunta una y otra vez como aliento o como crítica, a veces tan directamente como en el soneto publicado en las *Flores* de Espinosa («Escondido debajo de tu armada»), luego retocado, que termina con esta imprecación al monarca:

> Arma de rayos la invencible mano:
> caiga roto y deshecho el insolente
> belga, el francés, el sueco y el germano.

El carácter militar triunfante del encomiado suele ser el centro del poema, como en los sonetos a Carlos V, al duque de Osuna, a Scévola, al duque de Lerma; y es desde luego el motivo que despierta la admiración poética:

> Vibre tu mano el rayo fulminante:
> castigarás soberbias y locuras,
> y, si militas, volverás triunfante.

Aunque a veces Quevedo deje entrever la auténtica personalidad del encomiado, como cuando escribe el «funeral elogio» de Felipe II:

> Vencieron tus ejércitos, armados
> igualmente de acero y oraciones.

Particularmente encendidos y patrióticos son las octavas que dedica a la Jura del Serenísimo Príncipe Don Baltasar Carlos, en 1627, con todo el empaque del tono heroico y la riqueza ornamental de una inspiración exaltada que hace del poema una joya.

Otra faceta de este poemario la constituye la tan querida meditación quevediana *postmortem,* perspectiva —epitafios y túmulos— a la que tan bien se prestaba el género. Las cosas, contempladas como ya muertas y desaparecidas, sirven para la consideración de la brevedad y la poquedad de la existencia, en continuo balanceo con consideraciones acerca de la Fama. Lo esencial es que, en estos casos, late una consideración moral que se dirige a la conducta individual y que deriva de las propias obsesiones ideológicas del poeta. El triunfo mayor del invicto Carlos V, por ejemplo, fue que, después de obligar a retirarse a sus enemigos, «se retiró a sí mesmo al tercer día». En el elogio al duque de Lerma, la primera estancia es una clara y muy quevedesca digresión neoestoica («todos muriendo en lágrimas vivimos»), para adular al duque, «que nunca olvidó / ser polvo» y «sin vanidad desprecia el oro», por lo cual le augura una muerte serena: «sueño es la muerte en quien de sí fue dueño / y la vida de acá tuvo por Sueño/. Apacible os será la tierra y leve...» La imagen de la muerte pulsa fibras íntimas de Quevedo y ennoblece y autentifica la expresión poética.

Por lo demás, tales poemas extreman el verso lapidario, poco trabajo sintácticamente, tan propio de Quevedo; y a veces, son un puro juego metafórico que ensaya algún tipo de hipérbole. Tienen estos poemas especial interés para la poética y para la ideología de Quevedo por las imágenes de la muerte que en ellos aparecen, casi siempre negativas y, aunque fugaces, apoderándose de todo el poema, por su belleza, por su colocación o por su rotundidad («desatado en sombra fría», «en poca tierra, en tierra convertido», «en cenizas desatado», «el blanco día», «átomos sangrientos», «mármoles helados», etc). Pero su análisis nos llevaría, ahora, muy lejos.

Poesías metafísicas y morales

La Musa II, Polimnia, «canta poesías morales, esto es, que descubren y manifiestan las pasiones y costumbres del hombre procurándolas enmendar». Además de recogerse allí algunos de los mejores sonetos «serios» de Quevedo, se corona la selección con la epístola satírica y censoria. En ediciones y antologías actuales suelen colocarse estos poemas bajo la rotulación de «morales» y «metafísicos».

Es la poesía moral de Quevedo una de las más intemporales de toda su obra, por causa de esa transmutación literaria que convierte en doctrina moral genérica y universal vicios y virtudes históricos. No usó Quevedo únicamente de ese modo de transmutación, sino también y con mucha frecuencia el sesgo histórico que situaba el vicio y su admonición en otra época, particularmente en la antigüedad clásica, a la que llegó de mano de las sátiras. Marcial, Persio y Juvenal resuenan constantemente en estos versos, desde muy temprano, pues ya apunta su influencia en poemas de las *Flores* de Espinosa. Aun situado en una densa y doble tradición —la neoestoica y la satírica—, el poeta no dejará de insuflar en ellos su propia voz, sea a través de la matización del tema, de su peculiar estructuración o de la originalidad expresiva. Y sólo por esos asomos nos será dado fechar aquí y allí alguno que otro vagamente.

Quevedo eligió la forma escueta de los sonetos mayoritariamente para el poema grave, pero también ensayó la divagación que le prestaban las silvas, algunas canciones y muy pocas epístolas. Las silvas trataron más por extenso alguno de los grandes temas repetidos hasta la saciedad en su obra menor: la soberbia, la ambición, el tiempo como declive, etc. Según Eugenio Asensio, reflejan «el aspecto europeo, humanístico y reflexivo de su poesía». Anotemos, al paso, que la mayoría de las «silvas» se recogen en la edición de *Las Tres Musas* (1670), bajo la advocación de la VIII, Calíope; en tanto que parte del *Heráclito Cristiano* (1613) se publicó, en la misma edición, como poesía religiosa, es decir, en la musa Urania. Las silvas, sigue diciendo Eugenio Asensio, «encarnan el ideal de su más ambiciosa poesía, la unión del sentimiento con el estudio, de la emoción con el pensamiento y la cultura». Al parecer en las silvas de abolengo estaciano cifraba Quevedo su contribución más seria y rigurosa a la poesía. Un pequeño *corpus* de ellas debieron de ser redactadas entre 1603 y 1605 aproximadamente.

Caso aparte presenta —dentro de este grupo— la famosa *Epístola satírica y censoria* (h. 1625), no tanto por sus cualidades poéticas —no es nada frecuente la «epístola» seria en Quevedo—, como por la exposición bastante directa de su ideología, basada en un reconocimiento del pasado perdido y glorioso, lleno de todos los tópicos sobre la Edad de Oro y lejos de los males y bienes del desarrollo burgués, que expone a través de la molicie de las ciudades y el triunfo del interés, a veces en dictámenes acertados, aunque parciales:

> Hoy desprecia el honor al que trabaja,
> y entonces fue el trabajo ejecutoria,
> y el vicio graduó la gente baja.

Otro nuevo caso aparte es la mentada colección que en 1613 remitió a su tía con el título del *Heráclito Cristiano,* fruto de una depresión histórica que llevó al poema religioso —«metafísico» los ha llamado a veces J. M. Blecua en su monumental e imprescindible edición— a muchos de nuestros mejores vates, como Lope *(Rimas sacras)* y el propio Quevedo. Corta y estremecedora serie de poemas en los que Quevedo se siente desasido del tiempo y del espacio —esa conciencia de desmoronamiento imperial— y busca refugio en una autoinmersión angustiosa, que no encuentra consuelo en nada:

> ¡Ah de la vida!... ¿Nadie me responde?
> ¡Aquí de los antaños que he vivido!...

La angustia existencial lleva a posturas de abandono y muerte, vasto escepticismo que apenas encuentra consuelo en la esperanza cristiana de un más allá, desbordado por las constantes imágenes de la muerte como polvo, silencio y dolor. Es una constante en toda su obra, rica en matices expresivos, a veces a través del cauce lapidario y escueto de la doctrina neoestoica. Incluso algunos poemas son argumentaciones en alta voz del Quevedo angustiado y creyente, que trata de convencerse a sí mismo:

> ¿Qué pretende el temor desacordado
> de la que a rescatar piadosa viene
> espíritu en miserias anudado?

Nada más repetido desde esos poemas que la imagen del propio desprendimiento físico —«desatarse», «abandonar», «desprender»...—, dejar el cuerpo («la alma, que anudada está en la vida») para, espíritu puro, descansar de la presencia física e histórica («descanso ya de andar de mí cargado») y salir «a recibir la sepultura».

Pero de mano de toda esa poesía existencial de formulación lapidaria y desgarrada, Quevedo ha expresado toda una serie de matices que el lector irá descubriendo, asombrándose de su modernidad. La elementalidad («volver como nací quiero a la tierra»), el sentimiento de interioridad absoluta —no sólo el amoroso, como en los poetas renacentistas—, el paso del tiempo, la meditación histórica...; temas poetizados a veces con una conmovedora y sencillísima forma coloquial que delata su sinceridad:

> ¡Cómo de entre mis manos te resbalas!
> ¡Oh cómo te deslizas, edad mía!...

Los poemas de la musa Polimnia, y los morales en general, presentan, por otro lado, un dilatado panorama de la sociedad española de los Austrias, contemplado desde Quevedo a través del sesgo histórico de Roma y otros temas clásicos. Pues bien, «desde» Quevedo lo que se ve fundamentalmente son las clases altas con sus vicios y defectos —al contrario que en la poesía festiva y la picaresca—, como si el poeta guardara cierta «propiedad» estilística: la ambición, el poder mal empleado, la injusticia, la riqueza y la ostentación, la tiranía, el mal gobierno, el interés, la adulación, la hipocresía, la soberbia... son los vicios atacados por Quevedo. Pero la anterior enumeración no nos dice gran cosa sobre su calidad poética, como tampoco la de los temas que se contrabalancean: el *beatus ille*, el conformismo, el desinterés y, sobre todo, la imagen absoluta o el razonamiento final y aplastante de la muerte, con la que se cierran tantos y tantos poemas.

En efecto, desde un punto de vista simplemente histórico, poco contribuirían a consolidar el precario espíritu burgués versos como éstos:

> ¿Por qué permites que trabajo infame
> sudor tuyo derrame?
> Deja oficio bestial que inclina al suelo
> ojos nacidos para ver el cielo...

Máxime cuando tales consejos iban acompañados de su pátina sacra o vistos a través de las demoledoras imágenes de la muerte, cerrando poemas de tema muy diverso, como en este soneto contra vanos y poderosos, que acaba:

> Furias del oro habrán de poseerte;
> padecerás tesoros mal juntados;
> desmentirá tu presunción la muerte.

O en cualquiera de las formulaciones similares, recogidas en esta selección de versos finales:

> Desde la choza alegre, la mortaja.
> Hasta que dé la tierra sepultura.
> Y ejecutores son horas y días.

> Si, al tiempo de espirar, soberbio anhelas.
> Y has vuelto las balanzas homicidas.
> En pretendida muerte y poca tierra.
> De tu consciencia el vengador gusano.
> Y cuando le promete le derrama.
> Mortajas a volar introducidas.
> Caiga deshecho el monstruo idolatrado.
> Fuese inventor de muerte no esperada.
> Pues asco dentro son, tierra y gusanos.
> Y nada vino a ser muerte de tantos. Etc.

Cada uno de los restantes temas aludidos necesitaría de un examen pormenorizado. Podríamos observar, por ejemplo, cómo Quevedo reconstruye la historia en viñetas aprovechables para extraer el contenido moral que le interesa; cómo le enerva el tema del mal rey, del mal gobierno —es decir, el tema del tirano—, que produce entre otros el soberbio soneto «Tú ya, oh ministro, afirma tu cuidado...», del que son versos como:

> No sabe pueblo ayuno tener muerte,
> armas quedan al pueblo despojado.

O que produce este tenso cuarteto, también fugaz retrato del tirano:

> Tiembla, escondido en torres, el tirano,
> y es su guarda, su muro y su recelo;
> y erizado temor le cuaja en yelo
> cuando el rayo da música al villano.

Podríamos analizar todo el sinuoso tema del poder, tan lleno de recovecos en la poesía de Quevedo, casi siempre expresado con el sesgo histórico clásico o abstractamente, pero fácil de trasladar a su propia situación, para hacer la crítica transparente:

> Para entrar en palacio, las afrentas,
> ¡oh Licino!, son grandes, y mayores
> las que dentro conservan los favores
> y las dichas mentidas y violentas.

O para explicarnos su resentimiento personal, aliado a los viejos tópicos literarios:

> Sin ser oído y sin oír, ociosos
> ojos y orejas, viviré olvidado
> del ceño de los hombres poderosos.

Sin que falta la crítica bastante directa, incluso de la Monarquía:

> ¿Qué sirve dominar en las naciones,
> si es monarca el pecado de tu vida
> y provincias del vicio tus pasiones?

Quizá el modo más conciso, terso y quevediano de expresar cómo deben leerse estos poemas «históricos», sea el cierre del soneto «Raer tiernas orejas con verdades»:

> Advierta al mundo nuevo el mundo viejo.

Después de lo cual, ¿cómo no leer en «Roma»: «España» al interpretar versos como éstos?:

> ¡Oh Roma!, ¿por qué culpa han merecido
> grandes principios estos fines feos?

Las imágenes de lo positivo son muy curiosas también en el Quevedo moral. Ya hemos hablado de las constantes referencias a la quietud, la dejación, el *beatus ille*... Asimismo puede encontrarse su ideal de héroe —el que «reina» sobre sus apetitos— y, en contraste, la imagen bélica de la divinidad:

> Pues Dios de las venganzas te apellidas,
> baja tirano débil encumbrado;
> hártese en él tu saña de heridas.

En ese estado de quietud y contemplación —que, por lo que sabemos, no era el de Quevedo— tiene lugar el gozoso trabajo intelectual, la «conversación con los difuntos», «retirado en la paz de estos desiertos», por los de La Torre de Juan Abad. Y la condena de toda ambición, pero no sólo de la política, sino también la que produce el desarrollo de la civilización:

¡Malhaya el que, forzado del dinero,
el nunca arado mar surcó...!

despreciada y vilipendiada siempre, hasta llegar a formulaciones bien explícitas en la *Epístola satírica* y el *Sermón estoico,* como si al buen español sólo le fuera permitido rezar y luchar. Los argumentos, sacralizados para mayor fuerza, serán siempre los mismos:

Rico, dime si acaso
en tus montones de oro
tropezará la muerte o tendrá el paso.

La ambición como vicio, la impotencia ante el tiempo y la muerte y, quizá, la pérdida de la intimidad, se conjugan en poemas como el que titula «Exhortación a una nave nueva al entrar en el agua», o el que dedica «Al inventor de la pieza de artillería», en el que el poeta impreca a quien se ha atrevido a usurpar una función divina, la de controlar el fuego:

¿Al que sólo en la mano de Dios cabe,
cerrar pretendes en clausuras breves?

Por lo que se refiere al estilo, convendría subrayar que estos poemas se colocan sistemáticamente fuera de la tradición petrarquista y sólo antecedentes esporádicos tienen a lo largo del siglo XVI. Derivan realmente de corrientes clásicas, que habían sido esbozadas, pero no sé si conocidas, por poetas salmantinos y apuntaban clarísimamente hacia 1600, en Carrillo y Sotomayor por ejemplo. En su evolución y desarrollo la masa poética de Quevedo debió de ser la más influyente, optando por tonos distintos al clasicismo de un Arguijo o de los

Argensola, y resueltamente enfrentada al culteranismo, la corriente triunfante a partir de 1613. Quevedo toma, inevitablemente, de unos y de otros, claro está, pero consigue su propia voz como ningún poeta del siglo XVII, y muestra en su obra individual lo que hubiera podido ser la poesía española del siglo XVII sin el vuelco gongorino, que se llevó a rastras la moda.

Señalar y comentar los rasgos concretos de tal estilo sería muy largo, pero voy a apuntar al menos los más sustantivos, advirtiendo que muchos de ellos conforman el estilo poético de toda la poesía quevediana.

El carácter admonitorio de esta poesía acarrea el abundante uso de la segunda persona y el lenguaje conminativo, tanto con estructuras lingüísticas —imperativos, vocativos— como con tics léxicos («advierte»). La serie de sonetos suele preferir una marcada estructura lógica, de modo que los cuartetos «plantean» y los tercetos «resuelven», el último «apagando» el soneto en cadencias muy típicas:

> Cualquier instante de la vida humana
> es nueva ejecución, con que me advierte
> ¡cuán frágil es, cuán mísera, cuán vana!

Pero esa estructura lógica contrasta con la complejidad sintáctica, en períodos cuajados de aposiciones y construcciones participiales:

> Creces, y con desprecio, disfrazada,
> en yerba humilde, máquina espantosa,
> que fuerza disimula poderosa,
> y tiene toda la agua amenazada.

Con fuertes elipsis y supresiones de enlaces:

> Nació paloma, y, en tu seno, el vuelo
> perdió: gusano, arrastra despreciado...

Dislocación de yuxtapuestos:

> Y no del miedo pende y la esperanza.

Y constantes juegos de contraposiciones y paradojas:

> Tanto como has crecido has enfermado...

> Tu tesoro y poder son tu pecado.
> Si de los que te derribas te levantas
> y si de los que entierras te edificas...

Que pueden llegar a un refinamiento artístico de muchos quilates. No cabe duda de que esta poesía puede resultar, con frecuencia, difícil. Añádase a todo ello recursos como los de la matización léxica («Y osas llamar tu vil cautela celo»; «O la piedad de Dios llamas olvido»); el verso con «desmentido» léxico («Recuerdos y no alcázares fabricas»; «Tiembla, no pulsa, entre la arteria y venas»); el gusto por las abstracciones («Si me hubieran los miedos sucedido / como me sucedieron los deseos»); las palabras colgadas al final del verso («Y antes que piense en acercarse, llega»; «Pues quien desciende de la cumbre, ataja»; «La hora irrevocable que dio, llora»; «Y por escarnecer su muerte, mueres»); los versos temporales, que encierran pasado, presente y futuro en un solo verso, preferentemente con el verbo «ser», para mejor significar el carácter existencial («Soy un fue y un será y un es cansado»; «Nada que, siendo, es poco y será nada»); los coloquialismos («¡Ah de la vida!... ¿Nadie me responde? / Aquí de los antaños que he vivido»; «¡Cómo de entre mis manos te resbalas!»). Y, sobre todo, esa constante dislocación, que produce toda una retórica, entre cuerpo y alma:

> Tierra te cubre en mí, de tierra hecho;
> la conciencia me sirve de gusano;
> mármol para cubrirte da mi pecho...

En multitud de imágenes: «Aquí, del primer hombre despojado, / descanso ya de andar de mí cargado»; «La alma, que anudada está en la vida»; «En cárceles tan frágiles y breves / hospedas alma eterna». Y la utilización constante del verso lapidario, al que ya nos hemos referido más arriba, cuyo estudio podría servir para sintetizar el ideario neoestoico de Quevedo. He aquí una pequeña muestra:

> Sólo ya el no querer es lo que quiero.
> Morir al paso de la edad espero.
> Volver como nací quiero a la tierra.
> No sabe pueblo ayuno temer muerte,
> armas quedan al pueblo despojado.
> Cubrir los vicios no los hace ajenos.
> Vivamos sin ser cómplices, testigos.
> Caiga deshecho el monstruo idolatrado.
> De las pérdidas triunfa el venturoso.
> Pues los ojos del Rey arman la guerra.
> Ninguno puede huir su fatal suerte.
> No es negligencia la piedad severa.
> Quien se fía de Dios sirve a buen amo.

Hasta llegar a las sentencias diluidas en dos o más versos y a la acumulación de versos lapidarios, de lo que también ofrezco una exigua antología:

> Dejar es prevención de la partida,
> es locura inmortal el juntar bienes.

> Los vicios escudriñen los curiosos,
> y viva yo ignorante e ignorado.

> Más vale ser sagaz de temerosa,
> que verte arrepentida de animosa.

> ¿Qué tienes, si te tienen tus cuidados?
> ¿Qué puedes, si no puedes conocerte?
> ¿Qué mandas, si obedeces tus pecados?

Muchos poemas —como el soneto que comienza «Desacredita, Cielo, el sufrimiento», o la misma *Epístola satírica y censoria*— se jalonan de versos lapidarios, que contribuyen a su tono sentencioso o sermonal.

Con otros fines, quizá no de modo tan continuado, éstos son todos recursos que asoman con frecuencia en las restantes variedades poéticas de Quevedo.

Poesías amorosas

Erato, la IV Musa, «canta poesías amorosas, esto es, celebración de hermosuras, afectos proprios y comunes del amor, y particulares también de famosos enamorados, donde el autor tiene, con variedad, la mayor parte». Pero hay otros poemas amorosos bajo la advocación de la VII Musa, Euterpe, en la edición de 1670.

La referencia a este subgénero poético podría hacerse desde diversas perspectivas. Apunta, por ejemplo, allí la pudorosa intimidad de Quevedo, poco amigo, como ya se dijo, de dar al lector retazos sentimentales de su propia vida. Por esa razón, y en lo que se me alcanza, fueron los menos difundidos en la época, en contraposición a su obra festiva, satírica y moral.

Se asientan en la tradición petrarquista más decididamente, incluso al organizarse buena parte —«Canta sola a Lisi»— a modo de cancionero en torno a la amada. A pesar de todo, presentan la ideología quevediana a través de toda la conocida sarta —muerte, tiempo, angustia...— de poetizaciones, esta vez engastadas en poemas en principio aparentemente amorosos.

La poesía amorosa de Quevedo se vertió, fundamentalmente, en sonetos y canciones, con algunos romances y madrigales de autoría no siempre indiscutible. En su mayor parte, de abolengo petrarquista por los temas y la expresión; pero sobre ese fondo común a prácticamente toda la poesía española del siglo XVII, Quevedo logra con bastante frecuencia hacer oír su propia y original expresión.

Como en la poesía petrarquista, casi no se habla de la amada, poco se alude al amor y casi todo es referencia a la pasión o sentimiento interno del poeta; es decir, a los efectos del amor en el mundo interior del poeta. En Quevedo ese proceso de interiorización se halla cumplido hasta radicalizarse y objetivarse como incluso algo extraño al poeta. Las mejores imágenes descubren en estos casos ese sentimiento como algo ajeno:

> fuego a quien tanto mar ha respetado
> y que, en desprecio de las ondas frías,
> pasó abrigado en las entrañas mías,
> después de haber mis ojos navegado.

Soneto que termina con la clásica disociación cuerpo vs. alma:

> Yo dejo l'alma detrás; llevo adelante,
> desierto y solo, el cuerpo peregrino,
> y a mí no traigo cosa semejante.

Y al describirse así el sentimiento amoroso produce —como ya señalábamos al hablar de la poesía moral— uno de los efectos expresivos más asombrosos de toda la lírica clásica, que se desvía de su inspiración primera —el amor—, supera toda la imaginería petrarquista («yelo, fuego, nieve, llanto...»), se intensifica sobre esas imágenes («incendio, volcán, furias») y se deshace en otras. En efecto, la superación del pospetrarquismo y la sublimación del sentimiento amoroso no es sólo lingüística y estilística, sino que se presenta por vía de vencer al tiempo; al tiempo quevedesco, lo más corrosivo según su ideología; al tiempo barroco, lo más angustioso según la ideología de la época. De este modo, amor, tiempo y su corolario, muerte, se constituyen en los nervios de sus más originales poemas amorosos, en versos inmortales que recogen todas las antologías («Cerrar podrá mis ojos la postrera sombra...»).

Nada, en principio, más extraño que este desencadenarse de un soneto amoroso:

> Cargado voy de mí, veo delante
> muerte que me amenaza la jornada...

o este otro:

> No me aflige morir, no he rehusado
> acabar de vivir, ni he pretendido
> alargar esta muerte que ha nacido
> a un tiempo con la vida y el cuidado...

Es la inspiración de la pasión amorosa, del amor nunca logrado, continua insatisfacción y atormentador anhelo («tormento esquivo y burlador deseo»), que precipita al poema hacia la meditación grave o la digresión metafísica, por donde entronca con los grandes temas de toda la obra de nuestro autor:

> No de otro modo el corazón cuitado,
> a la prisión, al llanto se ha venido
> alegre, inadvertido y confiado.

El título del soneto que acaba con los anteriores tres versos nos dice que se trata de una pasión amorosa («Compara el discurso de su amor con el de un arroyo»), pero la expresión desnuda de circunstancias sólo alude a unos efectos —«prisión», «llanto»— que son los mismos que en el poeta producían el inexorable transcurrir del tiempo o la situación histórica y social.

No faltan, con todo, en Quevedo, los temas circunstanciales e intrascendentes —auténticos «juguetes»—, pequeñas escenas que contribuyen a la recreación de algún tópico. Por ejemplo, el soneto «A Aminta, que teniendo un clavel en la boca, por morderle, se mordió los labios y salió sangre»; o «A Aminta, que se cubrió los ojos con la mano», soneto que comienza: «Lo que me quita en fuego me da en nieve / la mano que tus ojos me recata...», en donde se retoman las gastadísimas imágenes petrarquistas para desarrollarlas hiperbólica y conceptualmente, apenas sin más variación que la formal.

Bien se habrá echado de ver, por tanto, que es poesía no sólo lírica, sino egocentrista. Cuando no se trata sencillamente de una exposición de sentimientos interiores, adopta la estructura típica: elemento → así yo. Entre los elementos esenciales de esa primera parte encontramos hechos históricos y mitológicos —Orfeo, Roma, Troya...—, descripciones de paisajes, estaciones y elementos naturales —un riachuelo, un amanecer, un volcán...—. Un ejemplo típico, tomando como punto de partida a Tántalo:

> Dichoso puedes, Tántalo, llamarte,
> tú, que en los reinos vanos cada día
> delgada sombra, desangrada y fría,
> ves de tu misma sed martirizarte...

El terceto final vuelve al yo del poeta:

> Yo, ausente venzo en penas al infierno;
> pues tú tocas y ves la prenda amada;
> yo, ardiendo, ni la toco ni la miro.

Es el poeta renacentista, centro del universo, que contempla el cosmos a través del prisma amoroso y lo colorea y transforma con su propio sentimiento en un juego de prosopopeyas, que en Quevedo se hallan asimismo hiperbolizadas e intensificadas:

> Esforzaron mis ojos la corriente
> de este, si fértil, apacible río;
> y cantando frené su curso y brío...

En este camino el poeta ha dejado —y hay que hacerlo constar, ya que hemos insistido en la tradición— hallazgos poéticos indudables, también originales. Para muestra, aquel soberbio soneto que acecha la intuición de la belleza como movimiento, inasible para el desasosegado amante:

> Puédese padecer, mas no saberse;
> puédese codiciar, no averiguarse,
> alma que en movimientos puede verse.
> No puede en la quietud difunta hallarse
> hermosura, que es fuego en el moverse,
> y no puede viviendo sosegarse.

Pero todo esto son cosas que le esperan al lector páginas adelante.

Dentro de esta poética, rápidamente esbozada, se explican multitud de motivos temáticos y modos estilísticos que no se dan —como vengo insistiendo— tan sólo en la poesía amorosa, aunque algunos de ellos sí se propician en este contexto. Así la imagen de la perennidad, de la eternidad:

> Del vientre a la prisión vine en naciendo;
> de la prisión iré al sepulcro amando,
> y siempre en el sepulcro estaré ardiendo.

La imagen de lo desértico e inhabitado («fantasma soy en penas detenida»). La continua búsqueda de la contraposición, frecuentemente paradójica:

> Yo solo, oh Lisi, a pena destinado,
> y en encendido invierno l'alma mía,
> ardo en la nieve y yélome abrasado.

La imagen o expresión del ensimismamiento. Las alusiones a su propia voz poética («llévate allá la voz con que te amo»). Etcétera.

Desde el punto de vista estilístico, además de toda una serie de juegos que proceden de aspectos ya señalados, particularmente del desarrollo de la imaginería petrarquista, habría que resaltar todavía una vez más la fuerza poética de los versos lapidarios y convulsivos, que encierran —centro del poema— toda la pasión contenida («Hay en mi corazón furias y penas»; «Diga su ardor el llanto que fulmino»; «De gritar solamente quiero hartarme»); o los versos temporales, que encierran todo un proceso reducido a su escueta dimensión temporal («De ayer te habrás de arrepentir mañana»; «Y lloras lo que fuiste en lo que hoy eres»). Hasta llegar a la expresión de efectos acumulados, de la que entresaco dos claros ejemplos de diverso tipo:

> ¡Oh monte, emulación de mis gemidos:
> pues yo en el corazón y tú en las cuevas,
> callamos los volcanes florecidos!

y

> El cuerpo es tierra y lo será y fue nada,
> de Dios procede a eternidad la mente,
> eterno amante soy de eterna amada.

En donde —último ejemplo— se observará el juego con varias formas de un mismo verbo («es, será, fue»), la rima interna machacando el ritmo tajante («será / eternidad»); la anteposición rítmica y enfática del término clave («eterno»); la estructuración rotunda, con pausas versales muy marcadas por el apoyo de las pausas sintácticas; el final quiasmático... Acumulación de efectos estilísticos para expresar condensadamente ideas de tiempo, amor y muerte.

Aunque todo lo dicho vale para el cancionero a Lisi, formado mayoritariamente por una serie de eléctricos sonetos, quizá podríamos añadir que se distinguen frecuentemente por una factura artística más refinada.

Poesías satíricas y festivas

El *Parnaso* acaba con la VI Musa, las dos últimas, la V, Terpsichore, y la VI, Thalia, recogen gran cantidad de poesías satíricas y festivas. «Terpsichore canta poesías que se cantan y bailan. Esto es, letrillas satíricas, burlescas y líricas, jácaras y bailes de música interlocución». Thalia «canta poesías jocoserias que llamó burlescas el auctor, esto es, descripciones graciosas, sucesos de donaire y censuras satíricas de culpables costumbres...» Este caudal se incrementa con la parte más abundante de lo encontrado en manuscritos, hasta el punto de que hoy la poesía festiva de Quevedo representa un 75 por 100 del total de su obra poética.

Ya Salas, el primer editor de Quevedo, señaló la abundancia y valor de estos poemas: «hasta ahora de ninguna (nación) he visto quien con distancia summa pueda en esta parte competirle». E insinuó su ladera humana: «Ansí pues como singular le fue a él y propria la gracia en sus palabras y en las familiares significaciones de su conversación, ansí también en sus escritos todos, los que eran de ese genio, se excedía, lo que dicen, a sí mismo.» Finalmente apunta que abandonó esta veta al final de sus días, lo que no parece del todo cierto: «Mucho desto destempló su prisión última, y la quiebra de salud, que desde entonces le fue enemiga hasta su muerte.»

Traigo a colación la cita de Salas porque el lector actual puede, en efecto, perderse ante esta auténtica selva de poemas: «Los versos, pues, de este género fueron tantos, tan varios y de tan exquisito sabor y agudeza, que si todos llegaran a recogerse juntos, la cantidad creciera a número increíble y la calidad a admiración nunca conseguida de otro viviente...» Convenimos con Salas: son número increíble y nos admira su calidad.

De mano de su riqueza cuantitativa va la riqueza métrica, con predominio del soneto, entre las formas italianas, y del romance, entre las tradicionales. No tienen parangón con otras musas la abundancia de letrillas y romances de todo tipo.

La otra gran distinción con el resto de su poesía es —hay que volver a insistir en ello— la estilística. La poesía festiva de Quevedo es infinitamente más rica en léxico, lenguaje retórico y sintaxis que cualquiera de sus restantes variedades temáticas. El léxico se hincha continuamente para dar entrada al modismo, al coloquialismo, a la deformación aplebeyada, al neologismo, a la disemia... La sintaxis engarza todo ello en construcciones que permiten la agudeza, a veces bordeando osadamente el anacoluto. El juego retórico —metafóras, aliteraciones, prosopopeyas, hipérboles...— no parece tener más límite que el de la desenfrenada imaginación quevedesca, desarrollada a través de un retorcimiento expresivo tan difícil como genial.

¿Cómo leer este huracán de risotadas y caricaturas? Hemos desechado ya, de pasada, la interpretación diacrónica, que hubiera sido la más objetiva. No son sólo obras juveniles; por el contrario se documentan en todas las épocas, incluso escritas en la prisión de San Marcos de León, viejo, enfermo y desengañado.

Gran parte de estos poemas son el resultado de una tradición satírica y de la «imitatio» renacentista; pero hay que reconocer a Quevedo un manejo de la sátira y un deleite en los temas que va más allá de la mera tradición.

En su conjunto pueden reordenarse críticamente en torno a unos cuantos ejes temáticos: la triste condición humana, el engañoso mundo de las relaciones, tipos y costumbres, preferencia por la perspectiva grotesca para referirse a los bajos fondos, misoginia, etc. A medida que se avanza en el análisis de este excitante *corpus* poético se va captando la importancia de un rasgo general que no es sólo el que se deduce de la lectura epidérmica de cada poema o de cada frase. En efecto, casi sin percatarse de ello, el lector de Quevedo que se sume en la lectura de esta poesía se encontrará a veces sumergido en un mundo aplebeyado y grotesco que queda muy lejos de los ámbitos artísticos del teatro, la novela cortesana o la poesía culta. El contrapunto plebeyo y grotesco late siempre —como es sabido— en todo el arte barroco; pero en términos literarios, quizá nunca recibió un tratamiento pertinazmente continuado y artístico como en el caso de una parte muy sustancial de la obra de Quevedo.

En segundo lugar, el lector capta del mismo modo el deleite artístico con que el poeta mismo deambula por esos rincones de su inspiración.

Si, por lo que se refiere al primer rasgo, podemos hablar en términos modernos de «contracultura», por lo que se refiere al segundo creo que la interpretación ha de ir más allá, para adentrarnos en los resortes mismos de la inspiración quevediana. En efecto, su poesía nos muestra amplios lienzos de la España —cortesana, las más de las veces— barroca, que no formaba parte teóricamente de la cultura oficial, pero esa España, enormemente libre, procaz, incluso grosera y a veces hasta repulsiva, está recreada continuamente con arte y hasta con mimo. Es un mundo en libertad hacia el que de vez en cuando va Quevedo para empaparse en él y hablarnos desde él, para darse un verdadero baño de libertad creadora.

Creo que en este último aspecto estriba la razón fundamental de su inspiración. El paciente exégeta de la palabra evangélica, el parafraseador del libro de Job o de la Vida de San Pablo, huye con frecuencia al mundo en libertad en donde la plebe pulula sin trabas culturales, morales o sociales, y desde dentro de aquellas esferas, se hace uno de ellos, empuña la pluma y escribe como si fuera un borracho, una puta, un cornudo... conocedor a maravilla de sus jergas, sus hábitos, sus defectos, su modo de contemplar la vida. Es como si Quevedo recuperara algo de la libertad que le vedaban los tiempos.

Muchos poemas expresan —desde la voz misma del poeta— su admiración por un tipo o hecho de la vida de la época, pero no de manera objetiva, sino con la desviación típica de lo humorístico y, con frecuencia, de lo grotesco. En esta pose o actitud desde la que se expresa existe una evidente identificación con modos de conducta peculiares de la plebe en la España de los Austrias, o en otras palabras, existe una identificación de Quevedo no sólo con el modo de expresión —lenguaje, tono, etcétera— que emplearían en esos círculos, sino con la mentalidad que contemplaba y comentaba.

Quizá no sea lo más acertado buscar en el origen de estos poemas una actitud crítica, puesto que en muchos de ellos el poeta, la voz que lo expresa, se limita a señalar hiperbólicamente aquel rasgo, hecho o actitud que provoca su expresión y no precisamente como motivo de queja, sino a veces tan sólo como motivo de regocijo. Así, el famoso soneto a un hombre de gran nariz («Érase un hombre a una nariz pegado») es una retahíla de sorprendentes imágenes que no critican nada, es más, a pesar de las interpretaciones que buscan mucho más allá del texto (por ejemplo: que el soneto está escrito contra un judío), es más fácil captar en el poeta una sensación de halago por la contemplación y expresión de aquella colosal napia, que una actitud amarga o quejosa hacia algún individuo. Algo similar se puede decir de algunos de sus más celebérrimos romances, como el de los borrachos, ostentación de ingenio cargada de humor, derrochando capacidad creadora. En casos, parece hallarse detrás, como impulso expresivo adicional, la incontinencia barroca, el prurito de soltar la tarabilla, sobre el que tanto ironizó el propio Quevedo y al que acuden sus narradores con evidente deleite para describir una escena, narrar un viaje, apostillar un suceso, etc. Este prurito de contar cosas divertidas a los otros es el causante del aire «epistolar» de muchas de sus obras festivas, incluyendo la poesía.

En otras palabras —y así lo han entendido los lectores

siempre— son poemas exultantes y no deprimentes. En algunos poemas de este tipo, como mucho, se adivina la preferencia del poeta por lo genuino o natural frente a lo complejo o falseado, pero también de lo sencillo frente a lo evolucionado. Así en el soneto dirigido a la «mujer puntiaguda con enaguas» («Si eres campana, ¿dónde está el badajo?»). Pero en estos casos conviene subrayar la desproporción entre el motivo crítico —que una mujer se vista con enaguas de ese tipo— y el resultado verbal, no sólo desproporción cuantitativa en el sentido de que las metáforas grotescas ocupan los trece primeros versos, sino también en la estructuración manierista que coloca al comienzo toda la parafernalia retórica y oculta en el último verso («si mujer, da esas faldas al demonio») el verdadero motivo de la crítica.

Si se escoge un conjunto de temas de su poesía festiva para tratar de objetivarlos nos encontraremos con motivos harto futiles, al fondo de los cuales existe siempre una misma obsesión —la de sus grandes temas de siempre— o una actividad risueña y divertida. El poeta que razona porque una vieja se ha espantado al aparecer un ratón, o porque otra se queja de que le duelen las muelas, o que ha observado la pertinaz conducta de los mosquitos, etc. El tono costumbrista asoma plenamente cuando el motivo es la narración o el comentario de un suceso, como en el soneto a la venida del duque de Humena: «Vino el francés con botas de camino...» O toda una seria de romances costumbristas, por ejemplo el que comienza «Con mondadientes en ristre», que narra una escena de barbería; o una larga serie (como «Tomando estaba sudores / Marica en el hospital») muy cerca ya de las jácaras. En estos casos puede ocurrir que la voz poética sea la de uno de los protagonistas de la escena, como el soneto «A una mujer afeitada»: «Perrazo, ¿a un español noble y cristiano, / insolente, presumes hacer cara?» En el que se poetiza festivamente una escena de burdel. O un mero espectador, como el que contempla la boda de un boticario con la hija de un médico. Son varios los poemas de «bodas», como el célebre romance «Boda y acompañamiento del campo», o el de «Boda de negros», etc.). O un espectador que interviene en la escena que acaba de contemplar, como el que consuela jocosamente al toreador que cae siempre del caballo y nunca saca·la espada: «Si caíste, don Blas, los serafines / cayeron de las altas jerarquías...» O el que protagoniza un amigo consejero, que advierte irónicamente a una mujer de las ventajas de casarse con un médico: «Pues me hacéis casamentero, / Ángela de Mondragón, / escuchad de vuetro esposo / las grandezas y el valor. / Él es un médico honrado, / por la gracia del señor, / que tiene muy buenas letras / en el cambio y el bolsón. / Quien os lo pintó cobarde / no lo conoce y mintió, / que ha muerto más hombres vivos / que mató el Cid Campeador / etc.

El carácter narrativo de estos textos prefiere la forma del romance, mucho más abierta a la relación, por eso son abundantes los romances costumbristas de carácter festivo, como los que describen fiestas de toros o de cañas. El costumbrismo de la poesía festiva de Quevedo, cuando lo hay, adopta la perspectiva urbana que enfoca tipos y costumbres de su propio medio (escenas de burdel, de andurrial, populares...) y se ríe de todo lo que está fuera de ese medio, fundamentalmente, lo rural y provinciano. Pero en el enfoque del mundo urbano encontramos de nuevo ese sabor agridulce: la risa por lo grotesco y el sumo deleite en la descripción. El pulular de tipos estrambóticos en romances como el que «Describe el Manzanares cuando concurren en el verano a bañarse a él», ejemplifica bien esta capacidad de Quevedo para expresar la repulsión y la atracción al mismo tiempo: «Tres carrozas de tusonas / perdiendo van los estribos, / con pecosas y bermejas, / nariz chata y ojos bizcos. / Aguardando están la noche / un potroso y un podrido, / para sacar a volar / uno parches, otro el lío, / Una doncella que sabe / que se le ahoga su virgo / en poca agua, le salpica, / escarbándola a pellizcos. / Aun en carnes, una flaca / es el miércoles Corvillo; / una gorda, el Carnaval / con mazas del entresijo. / Dos piaras de fregonas / renuevan el adanismo, / compitiendo sus perniles / los blasones del tocino. / Dos estudiantes sarnosos / más granados que los trigos, / con Manzanares se muestran / si no Clementes, Beninos. / Etc.

Aludíamos, pues, a la segunda persona como fundamental para el tono del poema. Ya vimos más arriba que es un modo muy de Quevedo —del de toda su poesía—, que adopta el tono admonitorio y confidencial continuamente, para contextualizar el tema acercándolo al momento de la expresión y para dotarle de mayor efectividad persuasiva: «A buen puerto habéis llegado, / vendeja de daca y toma; / Satanás os dio el consejo, / no pudo ser otra cosa. / Por dineros me enviáis, / como si yo fuera flota / o banco, teniendo sólo / pies de banco mi persona / etc.

En los casos a que me refería de contemplación de una escena, lo más llamativo es la desviación que se produce en el espectador-poeta, que transmite al lector un aspecto —el más grotesco— de todo ello. Por ejemplo, en el tremendo soneto que termina, otra vez a modo manierista, «ésta es la Isdaura que a Lisardo ha muerto», es decir, que nos cuenta sucintamente un caso de amor, el poeta se ha quedado y nos transmite sólo el retrato de la dama: «Un tenedor con medias y zapatos; descalzos y desnudos dos pebetes; / por patas, dos esquifes, con juanetes; / por manos, dos cazones y diez gatos; / etc.

Cuando en la poesía festiva asoma el tema crítico, el verso moral, la acusación, etc., lo hace normalmente a través de los mismos resquicios que en su poesía grave. Es verdad, por tanto, que los temas se repiten, ahora desde otra perspectiva, y que las obsesiones son las mismas: la hora, la ambición, el poder, la falsedad y la hipocresía, la vanidad, la condición humana y sus taras, la muerte como liberación, etc. Incluso algunas veces Quevedo recoge el tema grave tan de cerca que hasta la estructura, el estilo y los resortes y tópicos de la expresión la recuerdan, como en este caso (nótese el comienzo con «si...», la pregunta del primer terceto, el tono admonitorio de la segunda persona, la imprecación a Fabio, la moraleja final, etc.):

> Si no duerme su cara con Filena,
> ni con sus dientes come, y su vestido
> las tres partes le hurta a su marido,
> y la cuarta el afeite le cercena;
>
> si entera con él come y con él cena,
> mas debajo del lecho más cumplido
> todo su bulto esconde, reducido,
> a chapinzanco y moño por almena,
>
> ¿por qué te espantas, Fabio, que abrazado
> a su mujer la busque y la pregone,
> si, desnuda, se halla descasado?
>
> Si cuentas por mujer lo que compone
> a la mujer, no acuestes a tu lado
> la mujer, sino el fardo que se pone.

Los desajustes entre el tema y la expresión pueden ser de muy variada índole, hasta llegar al contrapunto absoluto, es decir, el viejo tema moral o existencial que nos hace hoy hablar de un poeta metafísico, pero expresado por una voz festiva, con su léxico, modo de expresión, etcétera. No me parece un disparate asumir que dicen lo mismo, de distinta forma, sonetos como el «Vivir es el caminar breve jornada» y «La vida empieza en lágrimas y caca». Cambia la ilocución. En el primero es el yo lírico del poeta, expresándose dolorosamente, directamente; en el segundo caso el poeta ha desviado su expresión hacia el modo festivo común, identificándose con él.

La identificación con ese mundo, decíamos, empieza por jugar con la ilocución misma del poema, frecuentemente voceado desde dentro mismo de una persona, situación o incluso objeto perteneciente a lo que se contempla. Es decir, si se trata de expresar los males del matrimonio, quién mejor que el pobre marido, voz por tanto desde la que se expresa el poema: «Antiyer nos casamos; hoy querría, / doña Pérez, saber ciertas verdades: / decidme, ¿cuánto número de edades / enfunda el matrimonio en sólo un día?» O lo que dice «un marido antiguo a un marido moderno», con consejos como éste: «Alce la frente, que estar / tan cabizbajo y suspenso, / si es vergüenza es necedad / y es un tesoro si es peso.» Tema que se repite en el romance que comienza «Padre Adán, no lloréis duelos» y al que dedicó Quevedo mucho de su ingenio festivo, desde la sátira juvenil «Riesgos del matrimonio en los ruines casados», hasta la versión que de las bodas del príncipe, en 1615, nos dio «Don Perantón» («A la sombra de unos pinos»).

Si se trata de referirse a viejos o viejas —tema tan obsesivo en Quevedo—, lo mejor es hacer hablar a una vieja: «Pues ya los años caducos / que tejen edades largas, / por adorno de cabeza / me dan cabellos de plata; / pues al rigor de su invierno / tengo la cumbre nevada / o por no tañer en cifra, / quiero dar consejos / a cierta Marifulana...»

Si se trata de encarecer los encantos de la vida retirada que no ambiciona el poder —uno de los grandes temas de toda la poesía de Quevedo—, quién mejor para expresarlo que un pobre mendigo; pero, cuidado, un mendigo jovial e inteligente que posee el arte de la agudeza verbal: «Mejor me sabe en un cantón la sopa, / y el tinto con la mosca y la zurrapa, / que al rico, que se engulle todo el mapa, / muchos años de vino en ancha copa.» U otro similar, que sea también además malicioso, reservado y astuto (el del soneto «Con testa gacha toda charla escucho...»). Pero si se trata —y ahora no hay crítica, ni siquiera oblicua— de alabar un buen vino, aunque tenga un mosquito dentro, el poema lo dice quien se está bebiendo la copa («Tudescos moscos de los sorbos finos...») y el lector percibe el deleite de los tragos y casi los desvaríos del bebedor empedernido con su verborrea festiva.

Al extremo de esta escala se hallan los muy famosos poemas escatológicos, para los que desde luego me parece inútil buscar una razón crítica directa —entiéndase: en el texto del poema—, son casos en los que no queda más remedio que acudir, como se ha hecho, a la explicación psicológica o histórico-social, o como una licencia que los tiempos permitían o como una liberación de cualquier tipo.

El tema literario, la lectura de un poema culto, se expresa como las reflexiones de un lector («Leí los rudimentos de la aurora...») O incluso como meditacion del poeta petrarquista mismo («Sol os llamó mi lengua pecadora...»). Pero si se trata de bromear acerca del tema universal —y en el fondo inocente— de los calvos, lo mejor es hacer hablar a uno de ellos, de nuevo una voz ingeniosa y aguda que arremete contra las cabelleras postizas: «Pelo fue aquí, en donde calavero; / calva no sólo limpia, sino hidalga; / háseme vuelto la cabeza nalga: / antes greguescos pide que sombrero. / etc.» O todavía mejor, se puede exponer el tema poetizando las quejas de una casada con un calvo:«Escarmentad en mí todas; / que me casaron a zurdas / con un capón de cabeza / desbarbado hasta la nuca.»

Si se trata de un tema mitológico, puede ser alguien que esté observando directamente (¡) lo que ocurre, por ejemplo, «A Apolo siguiendo a Dafne», e interviene imprecando a los protagonistas de la escena: «Bermejazo platero de las cumbres, / a cuya luz se espulga la canalla, / la ninfa Dafne, que se afufa y calla, / si la quieres gozar, paga y no alumbres...» O, ahora imprecando a Dafne: «Tras vos un alquimista va corriendo, / Dafne, que llaman sol, y vos, ¿tan cruda?...»

En muchos romances, el protagonista y la voz suele ser un pícaro indeterminado, ingenioso y procaz que se ríe de todo y parodia los modos más comunes de actuación y expresión de la época. Así famosos romances como el que «celebra la nariz de una dama», el que expresa las «dificultades del dar» o uno de los más logrados, muy conocido en la época: «Chitona ha sido mi lengua / habrá un año y ahora torno / a la primera tarabilla, / ¡agua va, que las arrojo! / Etc.» En estos casos, el poeta muestra una filosofía de la vida que podría ser la trasposición vulgar y risueños del neoestoicismo: «Muchos dicen mal de mí, / y yo digo mal de muchos: / mi decir es más valiente, / por ser tantos y ser uno, / etc.»

En fin, en los poemas festivos de Quevedo hablan como voz única del poema, las hechiceras, los ladrones, los delincuentes presos, los condenados, los cornudos, las busconas, los viejos camuflados, los lujuriosos, los embusteros, los borrachos y pícaros, los caballeros ridículos, todo tipo de gentes de mal vivir, etc., pero también tipos curiosos que han terminado por adoptar una actitud vital acorde con la ideología que el poeta sustenta (como en «Yo me voy a nadar con un morcón...»; o como en el romance «Yo con mis once de oveja»; etc.); y que reaccionan justamente, en las situaciones más ridículas, de acuerdo con ese sentido común chistoso y jovial que apreciamos en los más de los romances.

En los versos de Quevedo habla la Plaza Mayor de Madrid, un candil de un médico, la Casa de Campo, los mantos, los gatos, los cuellos, los moños, las mulas de los médicos, los paños y las sedas, algunas y muy peculiares partes del cuerpo, los coches, el Manzanares, los ratones, las flores y las hortalizas, y hasta el juego de cañas.

Capítulo realmente aparte merece el grupo de jácaras y romances afines, porque en ellos se da esta inmersión del poeta en un mundo aparentemente degradado y marginal, pero siempre destilando ese peculiar deleite que produce la forma artística lograda.

No es por tanto de extrañar que con estos procedimientos expresivos, basados fundamentalmente en identificación con perspectivas internas al relato o al contenido del poema, el lector se encuentre sumido en un mundo urbano en el que pululan seres y tipos de la plebe, al acecho siempre los unos de los otros para sorprender el gesto ridículo, buscar la carcajada o emplear el lenguaje atrevido e ingenioso que describa con malicia aquel mundillo. Quevedo se ha sumido en ese ambiente —y nos lleva, a sus lectores, a él—, para degradarlo mediante la pintura grotesca —puede ser—, pero también ha encontrado allí el gozo de la creación artística en libertad, al margen de la cita erudita, del pensamiento grave, de la consideración moral... empapándose totalmente de modos de expresión, de actitudes, de juicios, de escenas que, artística y poéticamente, hace suyos.

PABLO JAURALDE POU.

BIBLIOGRAFÍA SELECTA

La única colección completa y recomendable de poesías de Quevedo es la que realizó José Manuel Blecua entre 1967 y 1984 (Madrid: Castalia, 4 vols.).

La bibliografía crítica es, sin embargo, muy extensa, aunque tampoco abundan los trabajos de conjunto. Se podrá ver sobre su obra en general:

GONZALO SOBEJANO (ed.): *Francisco de Quevedo. El escritor y la crítica,* Madrid, Taurus, 1980.

JAMES IFFLAND: *Quevedo and the Grotesque,* Londres, Tamesis Books, 1978 (v. I) y 1983 (v. II).

SOBRE SU POESÍA:

IGNACIO ARELLANO: *Poesía satírico-burlesca de Quevedo,* Pamplona, Einsa, 1984.

JAMES O. CROSBY: *En torno a la poesía de Quevedo,* Madrid, Castalia, 1967.

PABLO JAURALDE: «La poesía festiva de Quevedo: un mundo en libertad», en *Sobre poesía y teatro,* Málaga, UNED, 1989.

JOSÉ MARÍA POZUELO YVANCOS: *El lenguaje poético de la lírica amorosa de Quevedo,* Murcia, Universidad, 1979.

MARIE ROIG MIRANDA: *Les sonnets de Quevedo,* Presses Univ. de Nancy, 1989.

Lía Schwartz Lerner: *Metáfora y sátira en la obra de Quevedo,* Madrid, Taurus, 1986.

Paul Julian Smith: *Quevedo en Parnassus,* Londres, The Modern Humanities Research Association, 1987.

LA PRESENTE ANTOLOGÍA

A Quevedo se le ha antologado múltiples veces. Desde la edición moderna de José Manuel Blecua (1967) ha sido normal acudir al *corpus* de poesías publicado por el gran quevedista para seleccionar de allí según criterios diversos. Sólo en los últimos años algunos otros quevedistas —James O. Crosby, Ignacio Arellano, Lía Schwartz Lerner— han acudido a la «fuente» originaria: las dos ediciones impresas, a las que ya hemos aludido, *El Parnaso* (1648) y *Las tres últimas Musas* (1670), y la selva de manuscritos repartidos por todas las bibliotecas del mundo.

Yo he seleccionado de la misma manera, teniendo a la vista el *corpus* de J. M. Blecua, pero confrontado siempre con su fuente primitiva, y consultando las colecciones originales que acabo de citar. Se han desechado sistemáticamente todas las atribuciones dudosas, las versiones demasiado cercanas al original y las traducciones. En fin, me he dejado guiar por mis propias preferencias, en lo que a la calidad de los poemas se refiere.

En cuanto a la ordenación, he respetado la ordenación más cómoda que ya establecía en mi edición de 1980 (en la vieja Colección Austral), es decir: poemas graves o de tono serio en general, poemas amorosos y poesía festiva. Como se sabe, es éste otro de los puntos controvertidos a la hora de editar a Quevedo, quien dejó, pero no sabemos hasta qué punto, su poesía distribuida por temas. Dentro de cada apartado, y de la misma manera que se hacía en la época, se ha seguido la secuencia métrica (sonetos, canciones, romances, etc.).

Finalmente, se edita el texto modernizando los aspectos gráficos y diacríticos que permitan su lectura por un público actual, sin llegar nunca a modernizar ni el léxico ni la sintaxis, cosa que se suple con una escueta anotación. Acentuación y puntuación son totalmente mías.

Como la vieja edición en la que ésta se basa, agradezco la ayuda y colaboración de J. A. Martínez Comeche en diversos momentos de su redacción y preparación.

ANTOLOGÍA POÉTICA

I. POESÍA GRAVE

ENSEÑA A MORIR ANTES Y QUE LA MAYOR PARTE DE LA MUERTE ES LA VIDA, Y ÉSTA NO SE SIENTE, Y LA MENOR, QUE ES EL ÚLTIMO SUSPIRO, ES LA QUE DA PENA [1]

Señor don Juan, pues con la fiebre apenas
se calienta la sangre desmayada
y por la mucha edad desabrigada
tiemblan, no pulsa, entre la arteria y venas;

pues que de nieve están las cumbres llenas,
la boca de los años saqueada,
la vista enferma en noche sepultada,
y las potencias de ejercicio ajenas;

salid a recibir la sepoltura,
acariciad la tumba y monumento [2],
que morir vivo es última cordura.

La mayor parte de la muerte siento
que se pasa en contentos y locura
y a la menor se guarda el sentimiento.

---

[1] Los epígrafes provienen de la edición impresa de *El Parnaso* y están redactados por González de Salas; aunque a veces —como cuando indican a qué mujer se dedica el poema— es indudable que le fueron dictados o comunicados por el propio Quevedo.

[2] *Monumento*. Sepulcro.

REPRESÉNTASE LA BREVEDAD DE LO QUE SE VIVE Y CUÁN NADA PARECE LO QUE SE VIVIÓ

¡Ah de la vida!... ¿Nadie me responde?
¡Aquí de los antaños que he vivido!
La Fortuna de mis tiempos ha mordido,
las horas mi locura las esconde.

¡Que sin poder saber cómo ni adónde
la salud y la edad se hayan huido!
Falta la vida, asiste lo vivido,
y no hay calamidad que no me ronde.

Ayer se fue, mañana no ha llegado,
hoy se está yendo sin parar un punto:
soy un fue y un será y un es cansado.

En el hoy y mañana y ayer junto
pañales y mortaja, y he quedado
presentes sucesiones de difunto.

SIGNIFÍCASE LA PROPRIA BREVEDAD DE LA VIDA, SIN PENSAR, Y CON PADECER, SALTEADA DE LA MUERTE

Fue sueño ayer, mañana será tierra,
Poco antes nada y poco después humo
¡Y destino ambiciones, y presumo
apenas un punto al cerco que me cierra!

Breve combate de importuna guerra
en mi defensa soy peligro sumo;
y mientras con mis armas me consumo,
menos me hospeda el cuerpo que me entierra.

hoy pasa es y fue con movimiento
que a la muerte me lleva despeñado.

Azadas son la hora y el momento
que, a jornal de mi pena y mi cuidado,
cavan en mi vivir mi monumento.

REPITE LA FRAGILIDAD DE LA VIDA Y SEÑALA SUS ENGAÑOS Y SUS ENEMIGOS

¿Qué otra cosa es verdad sino pobreza
en esta vida frágil y liviana?
Los dos embustes de la vida humana
desde la cuna son honra y riqueza.

El tiempo, que ni vuelve ni tropieza,
en horas fugitivas la devana,
y en errado anhelar, siempre tirana,
la Fortuna fatiga su flaqueza.

Vive muerte callada y divertida
la vida misma; la salud es guerra
de su proprio alimento combatida.

¡Oh cuánto inadvertido el hombre yerra,
que en tierra teme que caerá la vida,
y no ve que en viviendo cayó en tierra!

PREVENCIÓN PARA LA VIDA Y PARA LA MUERTE

Si no temo perder lo que poseo,
ni deseo tener lo que no gozo.
poco de la Fortuna en mí el destrozo
valdrá, cuando me elija actor o reo.

Ya su familia reformó el deseo;
no palidez al susto o risa al gozo
le debe de mi edad el postrer trozo
ni anhelar a la Parca[3] su rodeo.

Sólo ya el no querer es lo que quiero;
prendas de la alma son las prendas mías;
cobre el puesto la muerte y el dinero.

A las promesas miro como a espías;
morir al paso de la edad espero;
pues me trujeron, llévenme los días.

ARREPENTIMIENTO Y LÁGRIMAS DEBIDAS AL ENGAÑO DE LA VIDA

Huye sin percibirse lento el día,
y la hora secreta y recatada
con silencio se acerca, y despreciada
lleva tras sí la edad lozana mía.

La vida nueva, que en niñez ardía,
la juventud robusta y engañada,
en el postrer invierno sepultada
yace entre negra sombra y nieve fría.

No sentí resbalar mudos los años,
hoy los lloro pasados y los veo
riendo de mis lágrimas y daños.

Mi penitencia deba a mi deseo,
pues me deben la vida mis engaños,
y espero el mal que paso, y no le creo.

---

[3] La *Parca*. La muerte.

CONOCE LA DILIGENCIA CON QUE SE ACERCA LA MUERTE, Y PROCURA CONOCER TAMBIÉN LA CONVENIENCIA DE SU VENIDA, Y APROVECHARSE DE ESE CONOCIMIENTO

Ya formidable y espantoso suena
dentro del corazón el postrer día
y la última hora negra y fría
se acerca de temor y sombras llena.

Si agradable descanso, paz serena
la muerte en traje de dolor envía,
señas de su desdén de cortesía
más tiene de caricia que de pena.

¿Qué pretende el temor desacordado
de la que a rescatar piadosa viene
espíritu en miserias anudado?

Llegue rogada, pues mi bien previene;
hálleme agradecido, no asustado;
mi vida acabe y mi vivir ordene.

CONTIENE UNA ELEGANTE ENSEÑANZA DE LO QUE TODO LO CRIADO TIENE SU MUERTE DE LA ENFERMEDAD DEL TIEMPO

Falleció César, fortunado [4] y fuerte;
ignoran la piedad y el escarmiento
señas de su glorioso monumento,
porque también para el sepulcro hay muerte.

---

[4] *Fortunado.* Afortunado, rico.

Muere la vida y de la misma suerte
muere el entierro rico y opulento;
la hora con oculto movimiento
aun calla el grito que la fama vierte.

Devanan sol y luna, noche y día,
del mundo la robusta vida, ¡y lloras
las advertencias que la edad te envía!

Risueña enfermedad son las auroras,
lima de la salud es su alegría;
Licas[5], sepultureros son las horas.

DESCUIDO DEL DIVERTIDO VIVIR A QUIEN LA MUERTE LLEGA IMPENSADA

Vivir es caminar breve jornada
y muerte viva es, Lico, nuestra vida,
ayer al frágil cuerpo amanecida,
cada instante en el cuerpo sepultada.

Nada que siendo es poco y será nada
en poco tiempo, que ambiciosa olvida,
pues de la vanidad mal persuadida
anhela duración, tierra animada.

Llevada de engañoso pensamiento
y de esperanza burladora y ciega,
tropezará en el mismo monumento;

como el que divertido[6] el mar navega
y sin moverse vuela con el viento,
y antes que piense en acercarse, llega.

---

[5] *Licas*. Como en otros muchos casos, nombre clásico para el imaginario destinatario del poema.
[6] *Divertido*. Distraído.

SALMO

Ven ya, miedo de fuertes y de sabios:
irá la alma indignada con gemido
debajo de las sombras, y el olvido
beberán por demás mis secos labios.

Por tal manera Curios, Decios, Fabios [7]
fueron; por tal ha de ir cuanto ha nacido;
si quieres ser a alguno bien venido,
trae con mi vida fin a mis agravios.

Esta lágrima ardiente con que miro
el negro cerco que rodea a mis ojos,
naturaleza es, no sentimiento.

Con el aire primero este suspiro
empecé, y hoy le acaban mis enojos,
porque me deba todo al monumento.

SALMO

Miré los muros de la patria mía,
si un tiempo fuertes, ya desmoronados,
de la carrera de la edad cansados,
por quien caduca ya su valentía.

Salíme al campo, vi que el sol bebía
los arroyos del velo desatados,
y del monte quejosos los ganados,
que con sombras hurtó su luz al día.

---

[7] Nombres corrientes en la antigüedad latina, en la que casi siempre sitúa Quevedo sus meditaciones.

Entré en mi casa; vi que amancillada
de anciana habitación era despojos;
mi báculo, más corvo y menos fuerte;

vencida de la edad sentí mi espada;
y no halle cosa en que poner los ojos
que no fuese recuerdo de la muerte.

SALMO

Todo tras sí lo lleva el año breve
de la vida mortal, burlando el brío
al acero valiente, al mármol frío
que contra el Tiempo su dureza atreve.

Antes que sepa andar el pie se mueve
camino de la muerte, donde envío
mi vida oscura, pobre y turbio río
que negro mar con altas ondas bebe.

Todo corto momento es paso largo
que doy a mi pesar en tal jornada,
pues, parado y durmiendo, siempre aguijo[8].

Breve suspiro y último y amargo
es la muerte, forzosa y heredada;
mas si es ley y no pena, ¿qué me aflijo?

SALMO

¡Cómo de entre mis manos te resbalas!
¡Oh cómo te deslizas, edad mía!
¡Qué mudos pasos traes, oh muerte fría,
pues con callado pie todo lo igualas!

---

[8] *Aguijo.* Corro, apresuro.

Feroz, de tierra el débil muro escalas,
en quien lozana juventud se fía;
mas ya mi corazón del postrer día
atiende [9] el vuelo sin mirar las alas.

   ¡Oh condición mortal! ¡Oh dura suerte!
¡Que no puedo querer vivir mañana
sin la pensión de procurar mi muerte!

   Cualquier instante de la vida humana
es nueva ejecución, con que me advierte
cuán frágil es, cuán mísera, cuán vana.

SALMO

   Pues hoy pretendo ser tu monumento,
porque me resucites del pecado,
habítame de gracia, renovado
el hombre antiguo en ciego perdimiento.

   Si no, retratarás tu nacimiento
en la nieve de un ánimo obstinado
y en corazón pesebre, acompañado
de brutos apetitos que en mí siento.

   Hoy te entierras en mí, siervo villano,
sepulcro a tanto güésped vil y estrecho,
indigno de tu cuerpo soberano.

   Tierra te cubre en mí, de tierra hecho;
la conciencia me sirve de gusano;
mármor para cubrirte da mi pecho.

---

[9] *Atiende.* Espera.

SALMO

Bien te veo correr, tiempo ligero,
cual por mar ancho despalmada nave,
a más volar, como saeta o ave
que pasa sin dejar rastro o sendero.

Yo, dormido, en mis daños persevero,
tinto de manchas y de culpas graves;
aunque es forzoso que me limpie y lave
llanto y dolor, aguardo el día postrero.

Éste no sé cuándo vendrá, confío
que ha de tardar, y es ya quizá llegado,
y antes será pasado que creído.

Señor, tu soplo aliente mi albedrío
y limpie el alma, el corazón llagado
cure y ablande el pecho endurecido.

ENSEÑA CÓMO NO ES RICO EL QUE TIENE MUCHO CAUDAL

Quitar codicia, no añadir dinero,
hace ricos los hombres, Casimiro;
puedes arder en púrpura de Tiro [10]
y no alcanzar descanso verdadero.

Señor te llamas; yo te considero,
cuando el hombre interior que vives miro,
esclavo de las ansias y el suspiro,
y de tus proprias culpas prisionero.

---

[10] *Púrpura de Tiro*. Como signo exquisito de riqueza.

Al asiento de l'alma suba el oro,
no al sepulcro del oro l'alma baje,
ni le compita a Dios su precio el lodo.

Descifra las mentiras del tesoro,
pues falta (y es del cielo este lenguaje)
al pobre mucho y al avaro todo.

POR MÁS PODEROSO QUE SEA EL QUE AGRAVIA, DEJA ARMAS PARA LA VENGANZA

Tú, ya, ¡oh ministro!, afirma tu cuidado
en no injuriar al mísero y al fuerte;
cuando les quites oro y plata, advierte
que les dejas el hierro acicalado;

dejas espada y lanza al desdichado
y poder y razón para vencerte;
no sabe pueblo ayuno temer muerte,
armas quedan al pueblo despojado.

Quien ve su perdición cierta, aborrece
más que su perdición la causa della,
y ésta, no aquélla, es más quien le enfurece.

Arma su desnudez y su querella
con desesperación, cuando le ofrece
venganza del rigor quien le atropella.

PELIGRO DEL QUE SUBE MUY ALTO, Y MÁS SI ES POR LA CAÍDA DE OTRO

Para, si subes; si has llegado, baja;
que ascender a rodar es desatino;
mas si subiste, logra tu camino,
pues quien desciende de la cumbre, ataja.

Detener la Fortuna la rodaja[11]
a pocos concedió poder divino,
y si la cumbre desvanece el tino,
también tal vez la cumbre se desgaja.

El que puede caer, si él se derriba,
ya que no se conserva, se previene
contra el semblante de la suerte esquiva.

Y pues nadie que llega se detiene
tema más quien se mira más arriba,
y el que subió, por quien rodando viene.

ACONSEJA A UN AMIGO, QUE ESTABA EN BUENA POSESIÓN DE NOBLEZA, NO TRATE DE CALIFICARSE, PORQUE NO LE DESCUBRAN LO QUE NO SE SABE

Solar y ejecutoria[12] de tu abuelo
es la ignorada antigüedad sin dolo,
no escudriñes al tiempo el protocolo
ni corras al silencio antiguo el velo.

Estudia en el osar deste mozuelo[13],
descaminado escándalo del polo:
para probar que descendió de Apolo,
probó cayendo descender del cielo.

---

[11] *La rodaja*. El camino, su rodar.
[12] *Solar y ejecutoria*. Dos signos de hidalguía o nobleza, el solar o tierra solariega donde nació y el documento o ejecutoria que muestra su ascendencia hidalga. Por eso va a decir que no ande buscando «protocolos» o documentos notariales antiguos («al tiempo»).
[13] El mozuelo, según una conocida leyenda mitológica, era Fae-

No revuelvas los huesos sepultados,
que hallarás más gusanos que blasones
en testigos de nuevo examinados [14];

que de multiplicar informaciones,
puedes temer multiplicar quemados [15],
y con las mismas pruebas, Faetones.

CONTRA LOS QUE QUIEREN GOBERNAR EL MUNDO Y VIVEN SIN GOBIERNO

En el mundo naciste, no a enmendarle,
sino a vivirle, Clito, y padecerle;
puedes siendo prudente conocerle,
podrás si fueres bueno despreciarle.

Tú debes como huésped habitarle
y para el otro mundo disponerle;
enemigo de l'alma, has de temerle,
y, patria de tu cuerpo, tolerarle.

Vives mal presumidas y ambiciosas
horas, inútil número del suelo,
atento a sus quimeras engañosas;

pues ocupado en un mordaz desvelo
a ti no quieres enmendarte, y osas
enmendar en el mundo tierra y cielo.

---

tón, que acabó quemándose por el sol, al que pretendió acercarse demasiado.

[14] Las ejecutorias o documentos de nobleza se conseguían «examinando» o preguntando a «testigos» que referían la calidad social de los implicados.

[15] Lo de *quemados* es una alusión múltiple, pues se refiere también a descubrir entre los ancestros «quemados» o castigados por la Inquisición por herejes o infieles.

ADVERTENCIA A ESPAÑA DE QUE ANSÍ COMO SE HA HECHO SEÑORA DE MUCHOS, ANSÍ SERÁ DE TANTOS ENEMIGOS INVIDIADA Y PERSEGUIDA, Y NECESITA DE CONTINUA PREVENCIÓN POR ESA CAUSA [16]

Un godo, que una cueva en la montaña
guardó, pudo cobrar las dos Castillas;
del Betis y Genil las dos orillas,
los herederos de tan grande hazaña.

A Navarra te dio justicia y maña,
y un casamiento en Aragón las sillas
con que a Sicilia y Nápoles humillas,
y a quien Milán espléndida acompaña.

Muerte infeliz [17] en Portugal arbola
tus castillos; Colón pasó los godos
al ignorado cerco de esta bola.

Y es más fácil, ¡oh España!, en muchos modos
que lo que a todos les quitaste sola,
te puedan a ti sola quitar todos.

DIFÍCIL, AUNQUE LE LLAMARON FÁCIL, PERO SÓLO MEDIO VERDADERO DE TENER RIQUEZA Y ALEGRÍA EN EL ÁNIMO

Todo lo puede despreciar cualquiera,
mas nadie ha de poder tenerlo todo;
sólo para ser rico es fácil modo
despreciar la riqueza lisonjera.

---

[16] Se trata de una síntesis de la historia de España, contemplada a través de unos cuantos hechos singulares: Pelayo («un godo») y la Reconquista, hasta la toma de Sevilla y Granada («el Betis y el Genil»).
[17] *Muerte infeliz*. La del Rey don Sebastián de Portugal en África (1580).

El metal que a las luces de la esfera
por hijo primogénito acomodo,
luego que al fuego se desnuda el lodo,
espléndido tirano reverbera.

A ser peligro tan precioso viene
polvo que en vez de enriquecer ultraja,
que sólo a quien le tiene honor se tiene.

La amarillez del oro está en la paja
con más salud, y, pobres, nos previene
desde la choza alegre la mortaja.

A UN CABALLERO QUE CON PERROS Y CAZAS DE MONTERÍA OCUPABA SU VIDA

Primero va seguida de los perros
vana tu edad, que de sus pies la fiera;
deja que el corzo habite la ribera,
y los arroyos, la espadaña y berros.

Quieres en ti mostrar que los destierros
no son castigo ya de ley severa;
el ciervo empero sin tu invidia muera,
muera de viejo el oso por los cerros.

¿Qué afrenta has recibido del venado,
que le sigues con ansia de ofendido?
Perdona al monte el pueblo que ha criado.

El pelo de Acteón [18], endurecido
en su frente, te advierte tu pecado:
oye, porque no brames, su bramido.

---

[18] *Acteón.* Alude a cuando Acteón, descubierto por Diana, a la que contemplaba a escondidas, fue convertido en ciervo («endurecido en su frente») y devorado por sus propios perros.

ACONSEJA A UN AMIGO NO PRETENDA EN SU VEJEZ

Deja la veste blanca desceñida,
pues la visten los años a tus sienes[19],
y los sesenta que vividos tienes
no los culpes por cuatro o seis de vida.

Dejar es prevención de la partida,
es locura inmortal el juntar bienes
y que caduco la ambición estrenes,
sed que se enciende y crece, socorrida.

Doy que alcanzas el puesto que deseas,
y que, escondido en polvo cortesano,
las pretendientes sumisiones creas;

pues yo sé bien que no será en tu mano
que ayune, en los aumentos que granjeas,
de tu consciencia el vengador gusano.

CONVENIENCIAS DE NO USAR DE LOS OJOS, DE LOS OÍDOS Y DE LA LENGUA

Oír, ver y callar remedio fuera
en tiempo que la vista y el oído
y la lengua pudieran ser sentido
y no delito que ofender pudiera.

---

[19] Es decir, aludiendo a una costumbre clásica, no te vistas de blanco, ya que así lo hacían los «candidatos» que pretendían ocupar algún cargo.

Hoy, sordos los remeros con la cera [20],
golfo navegaré que (encanecido
de huesos, no de espumas) con bramido
sepulta a quien oyó voz lisonjera.

Sin ser oído y sin oír, ociosos
ojos y orejas, viviré olvidado
del ceño de los hombres poderosos.

Si es delito saber quién ha pecado,
los vicios escudriñen los curiosos
y viva yo ignorante y ignorado.

PRIVILEGIOS DE LA VIRTUD Y TEMORES DEL PODER VIOLENTO

Desembaraza Júpiter la mano [21],
derrámanse las nubes sobre el suelo,
Euro [22] se lleva el sol y borra el cielo
y en noche y en invierno ciega el llano;

tiembla escondido en torres el tirano
y es su guarda su muro y su recelo,
y erizado temor le cuaja en yelo
cuando el rayo da música al villano.

¡Oh serena virtud! El que valiente
y animoso te sigue, en la mudanza
del desdén y el halago de la gente,

---

[20] Vuelve a haber una alusión mitológica: los remeros no oyen el canto de las sirenas, como Ulises cuando hizo taparse los oídos con cera a la tripulación de su nave.
[21] Es decir, suelta el rayo que tiene en la mano.
[22] *Euro* por el viento.

se pone más allá de donde alcanza
en vengativa luz la saña ardiente,
y no del miedo pende y la esperanza.

IMAGEN DEL TIRANO Y DEL ADULADOR

Desconoces, Damocles, mi castigo [23],
por no culpar tu lengua en mi tormento,
y del semblante que esforzado miento,
con grande ostentación eres amigo.

No ves la amarillez que dentro abrigo,
ni el corazón, que yace macilento,
ni atiendes al mortal razonamiento
del invisible y pertinaz testigo.

Pues sólo me acompañas, algúnn día
contradígame voz tuya severa:
oiga verdades la consciencia mía.

Merezca un desengaño antes que muera,
que la contradicción es compañía,
y no seremos dos de otra manera.

ENSEÑA NO SER SEGURA POLÍTICA REPREHENDER ACCIONES, AUNQUE MALAS SEAN, PUES ELLAS TIENEN GUARDADO SU CASTIGO

Raer tiernas orejas con verdades
mordaces, ¡oh Licino!, no es seguro:
si desengañas, vivirás obscuro
y escándalo serás de las ciudades.

---

[23] El poema son las palabras del tirano a su falso consejero, Damocles, por adulador.

No las hagas, ni enojes, las maldades,
ni mormures la dicha del perjuro,
que si gobierna y duerme Palinuro [24],
su error castigarán las tempestades.

El que piadoso desengaña amigos
tiene mayor peligro en su consejo
que en su venganza el que agravió enemigos.

Por esto a la maldad y al malo dejo.
Vivamos sin ser cómplices testigos:
advierta al mundo nuevo el mundo viejo.

RUINA DE ROMA POR CONSENTIR ROBOS DE LOS GOBERNADORES DE SUS PROVINCIAS

El sacrílego Verres [25] ha venido
con las naves cargadas de trofeos
de paz culpada, y con tesoros reos
y triunfos de lo mismo que ha perdido.

¡Oh, Roma!, ¿por qué culpa han merecido
grandes principios de estos fines feos?
Gastas provincias en hartar deseos
y en ver a tu ladrón enriquecido.

Después que la romana, santa y pura
pobreza pereció, se han coronado
tus delitos, tu afrenta y tu locura;

---

[24] *Palinuro*. Recuerdo mitológico del piloto de Eneas, que atrapado por el sueño, cayó al mar.
[25] *Verres*. Es otra figura histórica de la antigüedad latina, a quien Cicerón acusaba de corrupto.

de tu virtud tus vicios han vengado
a los que sujetó tu fuerza dura
y aclaman por victoria tu pecado.

AMENAZA DE LA INOCENCIA PERSEGUIDA, QUE HACE AL RIGOR DE UN PODEROSO

Ya te miro caer precipitado
y que en tus proprias ruinas te confundes,
que en ti proprio te rompes y te hundes,
entre tus chapiteles sepultado.

Tanto como has crecido has enfermado
y por más bien que los cimientos fundes,
mientras en oro y vanidad abundes,
tu tesoro y poder son tu pecado.

Si de los que derribas te levantas
y si de los que entierras te edificas,
en amenazas proprias te adelantas.

Medrosos escarmientos multiplicas;
lágrimas tristes, que ocasionas, cantas;
son tu caudal calamidades rica.

HABLANDO CON DIOS

A tu justicia tocan mis contrarios,
pues a encargarte de ellos te comides,
cuando venganzas para ti nos pides,
que guarda tu decreto en tus erarios.

Contigo la han de haber los temerarios,
pues en humo y ceniza los divides,
y el blasón de sus armas y sus lides
desmentirás con escarmientos varios.

Pues Dios de las Venganzas te apellidas,
baja [al] tirano débil encumbrado,
hártese en él tu saña de heridas.

De mi agravio, Señor, te has encargado:
pues tus promesas, grande Dios, no olvidas,
caiga deshecho el monstruo idolatrado.

ABUNDOSO Y FELIZ LICAS EN SU PALACIO, SÓLO ÉL ES DESPRECIABLE

Harta la toga del veneno tirio [26],
o ya en el oro pálida y rigente,
cubre en los tesoros del Oriente,
mas no descansa, ¡Oh Licas!, tu martirio.

Padeces un magnífico delirio,
cuando felicidad tan delincuente
tu horror oscuro en esplendor te miente,
víbora en rosicler, áspid en lirio.

Competir su palacio a Jove quieres,
pues miente el oro estrellas a su modo
en el que vives sin saber que mueres.

Y en tantas glorias, tú, señor de todo,
para quien sabe examinarte, eres
lo solamente vil, el asco, el lodo.

---

[26] *El veneno tirio*. Como vimos arriba (nota 10) es la púrpura, signo de lujo y riqueza.

COMPREHENDE LA OBEDIENCIA DEL MAR Y LA INOBEDIENCIA DEL CODICIOSO EN SUS AFECTOS

La voluntad de Dios por grillos tienes
y ley de arena tu coraje humilla,
y por besarla llegas a la orilla,
mar obediente, a fuerza de vaivenes.

Con tu soberbia undosa te detienes
en la humildad bastante a resistilla'
a tu saña tu cárcel maravilla,
rica por nuestro mal de nuestros bienes.

¿Quién dio al robre y a l'haya atrevimiento
de nadar, selva errante deslizada,
y al lino de impedir el paso al viento?

Codicia más que el Ponto desenfrenada
persuadió que en el mar el avariento
fuese inventor de muerte no esperada.

ES AMENAZA A LA SOBERBIA Y CONSUELO A LA HUMILDAD DEL ESTADO

¿Puedes tú ser mayor? ¿Puede tu vuelo
remontarte a más alta y rica cumbre
ni a más hermosa y clara excelsa lumbre
que la que ves arder por todo el cielo?

¿Puede mi desnudez y mi desvelo,
y el llanto que a mis ojos es costumbre,
bajarme más que al cardo y la legumbre,
que son desmedro al más inútil suelo?

Pues todo el rojo fijo y el errante,
que sombras de la noche nos destierra
y son vista del orbe centelleante,

todo el pueblo de luz que el zafir cierra,
eterno al parecer, siempre constante,
tiene donde caer, mas no la tierra.

VIRTUD DE LA MÚSICA HONESTA Y DEVOTA CON ABOMINACIÓN DE LA LASCIVA

Músico rey y médica armonía,
exorcismo canoro sacrosanto,
y en angélica voz tutelar canto,
bien acompañan cetro y monarquía.

La negra majestad[27] con tiranía
de Saúl en las iras y en el llanto
reinaba, y fue provincia suya, en tanto
que de David a la arpa no atendía.

Decente es santo coro al Rey sagrado,
útil es el concento religioso
al rey que de Luzbel yace habitado.

¡Oh, no embaraces, Fabio, el generoso
oído con los tonos del pecado,
porque halle el salmo tránsito espacioso!

DESENGAÑO DE LA EXTERIOR APARIENCIA CON EL EXAMEN INTERIOR Y VERDADERO

¿Miras este gigante corpulento
que con soberbia y gravedad camina?
Pues por de dentro es trapos y fajina[28]
y un ganapán le sirve de cimiento.

---

[27] *La negra majestad.* El diablo.
[28] *Fajina.* Probablemente Quevedo toma el significado del térmi-

Con su alma vive y tiene movimiento
y adonde quiere su grandeza inclina;
mas quien su aspecto rígido examina
desprecia su figura y ornamento.

Tales son las grandezas aparentes
de la vana ilusión de los tiranos:
fantásticas escorias eminentes.

¿Veslos arder en púrpura y sus manos
en diamantes y piedras diferentes?
Pues asco dentro son: tierra y gusanos.

ENSEÑA QUE, AUNQUE TARDE, ES MEJOR RECONOCER EL ENGAÑO DE LAS PRETENSIONES Y RETIRARSE A LA GRANJERÍA [29] DEL CAMPO

Cuando esperando esté la sepultura
por semilla mi cuerpo fatigado,
doy mi sudor al reluciente arado
y sigo la robusta agricultura.

Disculpa tiene, Fabio, mi locura,
si me quieres creer escarmentado:
probé la pretensión con mi cuidado
y hallo que es la tierra menos dura.

Recojo en fruto lo que aquí derramo,
y derramaba allá lo que cogía:
quien se fía de Dios sirve a buen amo.

---

no («haces de mies que se ponen en las eras») del modismo «meter fajina», 'hablar mucho sin decir nada'.

[29] *Granjería.* En sentido propio, ya que es el beneficio que se obtiene de los trabajos y productos del campo.

Más quiero depender del sol y el día
y de la agua, aunque tarde, si la llamo,
que de l'áulica [30] infiel astrología.

DESDE LA TORRE

Retirado en la paz de estos desiertos,
con pocos pero doctos libros juntos,
vivo en conversación con los difuntos
y escucho con mis ojos a los muertos.

Si no siempre entendidos, siempre abiertos,
o enmiendan o fecundan mis asuntos
y en músicos callados contrapuntos
al sueño de la vida hablan despiertos.

Las grandes almas que la muerte ausenta,
de injurias de los años, vengadora,
libra, ¡oh gran don Josef!, docta la emprenta.

En fuga irrevocable huye la hora;
pero aquélla el mejor cálculo cuenta
que en la lección y estudios nos mejora.

SONETO

¡Malhaya aquel humano que primero
halló en el ancho mar la fiera muerte,
y el que enseñó a su espalda ondosa y fuerte
a que sufriese el peso de un madero!

---

[30] *Áulico.* Perteneciente o relativo a la Corte. Quevedo se refiere a las sinuosas e impredecibles intrigas de Palacio.

¡Malhaya el que forzado del dinero
el nunca arado mar surcó, de suerte
que en sepultura natural convierte
el imperio cerúleo, húmedo y fiero!

¡Malhaya el que por ver doradas cunas,
do nace al mundo Febo radiante,
del ganado de Próteo es el sustento [31];

y el mercader que tienta mil fortunas,
y del mar fiando el oro y el diamante,
fiando el mar de tanto vario viento!

EN LA MUERTE DE CRISTO, CONTRA LA DUREZA DEL CORAZÓN DEL HOMBRE

Pues hoy derrama noche el sentimiento
por todo el cerco de la lumbre pura,
y amortecido el sol en sombra obscura
da lágrimas al fuego y voz al viento;

pues de la muerte el negro encerramiento
descubre con temblor la sepultura,
y el monte, que embaraza la llanura
del mar cercano, se divide atento,

de piedra es, hombre duro, de diamante
tu corazón, pues muerte tan severa
no anega con tus ojos tu semblante.

Mas no es de piedra, no, que si lo fuera,
de lástima de ver a Dios amante,
entre las otras piedras se rompiera.

---

[31] Es decir, el que quiere ver dónde nace el sol, pero también conseguir minas de oro, y muere en el mar: Próteo era un pastor marino en la mitología clásica.

A UNA IGLESIA, MUY POBRE Y OBSCURA, CON UNA LÁMPARA DE BARRO

Pura, sedienta y mal alimentada,
medrosa luz, que en trémulos ardores
hace apenas visibles los horrores
en religiosa noche derramada,

arde ante ti, que un tiempo de la nada
encendiste a la aurora resplandores,
y pobre y Dios en templo de pastores
barata y fácil devoción te agrada.

Piadosas almas, no ruego logrero[32],
aprecia tu justicia con metales,
que falta aliento contra ti al dinero.

Crezcan en tu pobreza los raudales,
que den alegre luz a Dios severo
y se verá en tu afecto cuánto vales.

DIOS NUESTRO SEÑOR CUANDO TRUENAN LAS NUBES DESPIERTA DEL SUEÑO DEL PECADO AL ALMA ADORMECIDA, Y CON EL RAYO QUE HIERE LOS MONTES SOLICITA EL ESCARMIENTO DE LAS CULPAS, QUE LE MERECEN MEJOR QUE LOS ROBRES

Con la voz del enojo de Dios suena
ronca y rota la nube, el viento brama,
veloz en vengativa luz la llama
tempestades sonoras desenfrena.

---

[32] *Logrero.* Interesado.

Con los pecados habla cuando truena,
la penitencia por su nombre llama,
cuando la debe, el agua que derrama
el llanto temeroso de la pena.

Respóndale tronando mi suspiro,
respóndanle lloviendo mis dos ojos,
pues escrita en su luz mi noche miro.

Ofensas y no robres son despojos
del ceño ardiente del mayor zafiro,
y sabe el cielo hablar por sus enojos.

A ROMA SEPULTADA EN SUS RUINAS

Busca en Roma a Roma, ¡oh peregrino!,
y en Roma misma a Roma no la hallas:
cadáver son las que ostentó murallas
y tumba de sí proprio el Aventino [33].

Yace donde reinaba el Palatino,
y limadas del tiempo, las medallas
más se muestran destrozo a las batallas
de las edades que blasón latino.

Sólo el Tibre quedó, cuya corriente
si ciudad la regó, ya sepultura
la llora con funesto son doliente.

¡Oh Roma!, en tu grandeza, en tu hermosura,
huyó lo que era firme y solamente
lo fugitivo permanece y dura.

---

[33] *El Aventino.* Una de las siete colinas de la antigua Roma.

A UN RETRATO DE DON PEDRO GIRÓN, DUQUE DE OSUNA, QUE HIZO GUIDO BOLOÑÉS, ARMADO Y GRABADAS DE ORO LAS ARMAS

Vulcano las forjó, tocólas Midas [34],
armas en que otra vez a Marte cierra,
rígidas con el precio de la sierra
y en el rubio metal descoloridas.

Al ademán siguieron las heridas
cuando su brazo estremeció la tierra;
no las prestó el pincel, diolas la guerra;
Flandres las vio sangrientas y temidas.

Por lo que tienen del Girón de Osuna
saben ser apacibles los horrores,
y en ellas es carmín la tracia luna [35].

Fulminan sus semblantes vencedores.
Asistió al arte en Guido la Fortuna
y el lienzo es belicoso en los colores.

EXHORTACIÓN A LA MAJESTAD DEL REY NUESTRO SEÑOR FILIPE IV PARA EL CASTIGO DE LOS REBELDES

Escondido debajo de tu armada
gime el Ponto, la vela llama al viento,
y a las lunas de Tracia con sangriento
eclipse ya rubrica tu jornada [36].

---

[34] *Midas.* Personaje mitológico, símbolo de la riqueza.
[35] *Carmín la tracia luna.* Aludiendo al símbolo —la luna— árabe. Tracia: 'Grecia.'
[36] Véase la nota anterior: que la sangre de los infieles árabes sea tu firma.

En las venas sajónicas tu espada
el acero calienta y macilento
te atiende el belga, habitador violento
de poca tierra, al mar y a ti robada.

Pues tus vasallos son el Etna [37] ardiente
y todos los incendios que a Vulcano
hacen el metal rígido obediente,

arma de rayos la invencible mano:
caiga roto y deshecho el insolente
belga, el francés, el sueco y el germano.

MEMORIA INMORTAL DE DON PEDRO GIRÓN, DUQUE DE OSUNA, MUERTO EN LA PRISIÓN

Faltar pudo su patria al grande Osuna,
pero no a su defensa sus hazañas;
diéronle muerte y cárcel las Españas,
de quien él hizo esclava la Fortuna.

Lloraron sus invidias una a una
con las proprias naciones las extrañas;
su tumba son de Flandres las campañas
y su epitafio la sangrienta luna [38].

En sus exequias encendió al Vesubio
Parténope y Trinacria [39] al Mongibelo,
el llanto militar creció en diluvio.

---

[37] Sicilia, en donde está el Etna, efectivamenter, pertenecía a la corona.
[38] Nueva alusión a los infieles árabes sometidos: «la sangrienta luna».
[39] *Parténope y Trinacria*. Nápoles y Sicilia, en donde el Duque había sido virrey.

Diole el mejor lugar Marte en su cielo;
la Mosa [40], el Rhin, el Tajo y el Danubio
murmuran con dolor su desconsuelo.

TÚMULO DE DON FRANCISCO DE SANDOVAL Y ROJAS, DUQUE DE LERMA Y CARDENAL DE ROMA

Columnas fueron los que miras huesos
en que estribó la ibera monarquía,
cuando vivieron fábrica, y regía
ánima generosa sus progresos.

De los dos mundos congojosos pesos
descansó la que ves ceniza fría;
el seso que esta cavidad vivía
calificaron prósperos sucesos.

De Filipe Tercero fue valido
y murió de su gracia retirado,
porque en su falta fuese conocido.

Dejó de ser dichoso, mas no amado;
mucho más fue no siendo que había sido:
esto al duque de Lerma te ha nombrado.

SALMO

Nací desnudo y solos mis dos ojos
cubiertos los saqué, mas fue de llanto.
Volver como nací quiero a la tierra.
El camino sembrado está de abrojos;
enmudezca mi lira, cese el canto,
suenen sólo clarines de mi guerra

---

[40] *La Mosa.* Río de Europa occidental.

y sepan todos que por bienes sigo
los que no han de poder morir conmigo,
pues mi mayor tesoro
es no envidiar la púrpura ni el oro,
que en mortajas convierte
la trágica guadaña de la muerte.
Rehúso de gozallo,
por ahorrar la pena que recibe
el hombre, que lo tiene mientras vive,
cuando es llegado el tiempo de dejallo;
que el mayor tropezón de la caída
en el humano ser es la subida.
De nada hace tesoros, Indias hace
quien, como yo, con nada está contento
y con frágil sustento
la hambre ayuna y flaca satisface.
Pretenda el que quisiera
para vivir riquezas, mientras muere
pretendiendo alcanzallas,
que los más, cuando llegan a gozallas,
en la cumbre más alta
alegre vida que vivir les falta.

SALMO

Para cantar las lágrimas que lloro
mientras los soberanos triunfos canto,
¿quién a la musa mía
dará favor, si el cielo amedrentado,
viendo al Señor que adoro
teñido en sangre y anegado en llanto,
ajeno de alegría,
en noche obscura yace sepultado?
Si al aire puro y blando pido aliento,
viendo entre humana gente
morir al inocente,
sólo para suspiros hallo viento.

Si al mar pido favor en mis enojos,
lágrimas solamente da a mis ojos.
Si en la tierra favor busco afligido,
¿cómo me la dará la tierra ingrata,
que a su Dios se le niega
fijando el cuerpo suyo en un madero?
Si a su Madre le pido,
¿dónde le ha de tener, cuando maltrata
la humana culpa ciega
su vida y su consuelo verdadero?
Y solamente, ¡oh Cruz!, de hoy más honrada,
entre vuestros dolores
espero hallar favores,
pues tan favorecida y regalada
sois del que el hierro humano ofende y hiere,
que a vos sola os abraza cuando muere.

 Ya manchaba el vellón la blanca lana
con su sangre el Cordero sin mancilla,
y ya sacrificaba
la vida al Padre, poderoso y sancto;
y por la culpa humana
el sumo trono de su cetro humilla,
y ya licencia daba
al alma que saliese envuelta en llanto,
cuando la sacra tórtola vïuda,
que el holocausto mira,
sollozando suspira
y un tesoro de perlas vierte muda,
mientras corren parejas a su Padre
sangre del Hijo y agua de la Madre;
ya gustando los tragos de la muerte
la ponzoña le quita que tenía,
y bebiendo él primero,
al unicornio imita, que sediento
bebe de aquella suerte.
Hoy muestra en sumo amor su valentía;

hoy, honrando un madero,
las estrellas enluta el firmamento,
a los mortales en Adán disculpa.
Hoy las rosas divinas
se coronan de espinas;
y hoy, cuando rompe el lazo de la culpa
la Paloma sin hiel (a quien no toca),
a su Hijo con ella ve en la boca.
Ve dilatar las alas poderosas
al águila real por sus hijuelos,
que encima van seguros
de muerte alada, en flecha penetrante,
las iras licenciosas
que amenazan ligeras a los cielos.
Y aquellos golpes duros
que en sí recibe con amor constante,
por mil partes en tierra la ve herida;
y sus alas deshechas
con pluma[s] de las flechas,
comprando tantas muertes una vida;
y viéndole expirar, nadie sabía
cuál era de los dos el que moría.

EL ESCARMIENTO

¡Oh tú, que inadvertido peregrinas
de osado monte cumbres desdeñosas,
que igualmente vecinas
tienen a las estrellas sospechosas,
o ya confuso vayas
buscando el cielo, que robustas hayas
te esconden en las hojas,
o la alma aprisionada de congojas
alivies y consueles,
o con el vario pensamiento vueles
delante desta peña tosca y dura,

que de naturaleza aborrecida
invidia de aquel prado la hermosura,
detén el paso y tu camino olvida,
y el duro intento que te arrastra deja,
mientras vivo escarmiento te aconseja!

En la escura ves cueva espantosa,
sepulcro de los tiempos que han pasado,
mi espíritu reposa
dentro en mi propio cuerpo sepultado,
pues mis bienes perdidos
sólo han dejado en mí fuego y gemidos,
vitorias de aquel ceño
que, con la muerte, me libró del sueño
de bienes de la tierra,
y gozo blanda paz tras dura guerra,
hurtado para siempre a la grandeza,
al envidioso polvo cortesano,
al inicuo poder de la riqueza,
al lisonjero adulador tirano.
¡Dichoso yo, que fuera de este abismo,
vivo, me soy sepulcro de mí mismo!

Estas mojadas, nunca enjutas, ropas,
estas no escarmentadas y deshechas
velas, proas y popas,
estos hierros molestos, estas flechas,
estos lazos y redes
que me visten de miedo las paredes,
lamentables despojos,
desprecio del naufragio de mis ojos,
recuerdos despreciados,
son, para más dolor, bienes pasados.
Fue tiempo que me vio quien hoy me llora
burlar de la verdad y de escarmiento,
y ya, quiérelo Dios, llegó la hora
que debo mi discurso a mi tormento.

Ved cómo y cuán en breve el gusto acaba,
pues suspira por mí quien me envidiaba.

   Aun a la muerte vine por rodeos,
que se hace de rogar o da sus veces
a mis propios deseos;
mas ya que son mis desengaños jueces,
aquí, sólo conmigo,
la angosta senda de los sabios sigo,
donde gloriosamente
desprecio la ambición de lo presente.
No lloro lo pasado,
ni lo que ha de venir me da cuidado,
y mi loca esperanza siempre verde,
que sobre el pensamiento voló ufana,
de puro vieja aquí su color pierde
y blanca puede estar de puro cana.
Aquí, del primer hombre despojado,
descanso ya de andar de mí cargado.

   Éstos que han de beber, fresnos hojosos,
la roja sangre de la dura guerra;
estos olmos hermosos,
a quien esposa vid abraza y cierra,
de la sed de los días
guardan con sombras las corrientes frías,
y en esta dura sierra
los agradecimientos de la tierra
con mi labor cansada
me entretienen la vida fatigada.
Orfeo del aire el ruiseñor parece
y ramillete músico el jilguero;
consuelo aquél en su dolor me ofrece,
éste a mi mal se muestra lisonjero;
duermo por cama en este suelo duro,
si menos blando sueño más seguro.

No solicito el mar con remo y vela
ni temo al Turco la ambición armada,
no en larga centinela
al sueño inobediente, con pagada
sangre y salud vendida,
soy por un pobre sueldo mi homicida,
ni a Fortuna me entrego,
con la codicia y la esperanza ciego,
por cavar diligente
los peligros precisos del oriente;
no de mi gula amenazada vive
la fénix en Arabia temerosa [41],
ni a ultraje de mis leños apercibe
el mar su inobediencia peligrosa;
vivo como hombre que viviendo muero
por desembarazar el día postrero.

    Llenos de paz serena mis sentidos
y la corte del alma sosegada,
sujetos y vencidos
apetitos de ley desordenada,
por límite a mis penas
aguardo que desate de mis venas
la muerte prevenida
la alma, que anudada está en la vida,
disimulando horrores
a esta prisión de miedos y dolores,
a este polvo soberbio y presumido,
ambiciosa ceniza, sepultura
portátil, que conmigo la he traído
sin dejarme contar hora segura.
Nací muriendo y he vivido ciego,
y nunca al cabo de mi muerte llego.

---

[41] *La fénix en Arabia.* La Fénix es un ave fabulosa, de bellos colores.

Tú, pues, ¡oh caminante!, que me escuchas,
si pretendes salir con la victoria
del monstruo con quien luchas,
harás que se adelante tu memoria
a recibir la muerte,
que obscura y muda viene a deshacerte.
No hagas de otro caso,
pues se huye la vida paso a paso,
y en mentidos placeres,
muriendo naces y viviendo mueres.
Cánsate ya, ¡oh mortal!, de fatigarte
en adquirir riquezas y tesoro,
que últimamente el tiempo ha de heredarte
y al fin te dejarán la plata y oro.
Vive para ti solo, si pudieres;
pues sólo para ti, si mueres, mueres.

AL PINCEL

Tú, si en cuerpo pequeño,
eres, pincel, competidor valiente
de la naturaleza:
hácete el arte dueño
de cuanto crece y siente;
tuya es la gala, el precio y la belleza;
tú enmiendas de la muerte
la invidia y restituyes ingenioso
cuanto borra cruel; eres tan fuerte,
eres tan poderoso,
que en desprecio del tiempo y de sus leyes,
y de la antigüedad ciega y escura,
del seno de la edad más apartada
restituyes los príncipes y reyes,
la ilustre majestad y la hermosura
que huyó de la memoria sepultada.

       Por ti, por tus conciertos
comunican los vivos con los muertos,
y a lo que fue en el día,
a quien para volver niega la hora
camino y paso, eres pies y guía
con que la ley del mundo se mejora.
Por ti el breve presente,
que aun ve apenas la espalda del pasado,
que huye de la vida arrebatado,
le comunica y trata frente a frente.

       Los Césares se fueron
a no volver, los reyes y monarcas
el postrer paso irrevocable dieron,
y siendo ya desprecio de las Parcas
en manos de Protógenes y Apeles[42],
con nuevo parto de ingeniosa vida
segundos padres fueron los pinceles.
¿Qué ciudad tan remota y escondida
dividen altos mares,
que por merced, pincel, de tus colores
no la miren los ojos
gozando su hermosura en sus despojos,
que en todos los lugares
son con sólo mirar habitadores?
Y los golfos temidos
que hacen oír al cielo sus bramidos,
sin estrella navegan
y a todas partes sin tormenta llegan.

       Tú dispensas las leguas y jornadas,
pues todas las provincias apartadas
con blando movimiento
en sus círculos breves

---

[42] *Protógenes y Apeles.* Como fácilmente se desprende del contexto, dos famosos pintores de la antigüedad clásica.

las camina la vista en un momento,
y tú solo te atreves
a engañar los mortales, de manera
que del lienzo y la tabla lisonjera
aguardan los sentidos que les quitas,
cuando hermosas cautelas acreditas.
Viose más de una vez naturaleza
de animar lo pintado cudiciosa;
confesóse invidiosa
de ti, docto pincel, que la enseñaste
en sutil lino estrecho
cómo hiciera mejor lo que había hecho.
Tú sólo despreciaste
los conciertos del año y su gobierno,
y las leyes del día,
pues las flores de abril das en hibierno,
y en mayo con la nieve blanca y fría
los montes encaneces.

Ya se vio muchas veces,
¡oh pincel poderoso!, en docta mano
mentir almas los lienzos de Ticiano.
Entre sus dedos vimos
nacer segunda vez y más hermosa
aquella sin igual gallarda Rosa,
que tantas veces de la fama oímos [43].
Dos le hizo de una,
y dobló lisonjero su cuidado
al que fiado en bárbara fortuna
traía por diadema media luna
del cielo, a quien ofende coronado.

---
[43] Alude a un retrato —hoy perdido— de Tiziano, que se celebró mucho en su tiempo: el de Rosa Solimán, mujer del gran turco.

Contigo Urbino y Ángel tales fueron
que hasta sus pensamientos engendraron,
pues, cuando los pintaron,
vida y alma les dieron.
¡Y el famoso español que no hablaba,
por dar su voz al lienzo que pintaba![44]
Por ti, Richi[45] ha podido,
docto cuanto ingenioso,
en el rostro de Lícida hermoso,
con un naipe nacido
criar en sus cabellos
oro, y estrellas en sus ojos bellos;
en sus mejillas, flores,
primavera y jardín de los amores;
y en su boca, las perlas,
riendo de quien piensa merecerlas.
Así que fue su mano
con trenzas, ojos, dientes y mejillas,
Indias, cielo y verano,
escondiendo aun más altas maravillas,
o de invidioso de ellas
o de piedad del que llegase a vellas.

    Por ti el lienzo suspira
y sin sentidos mira.
Tú sabes sacar risa, miedo y llanto
de la ruda madera, y puedes tanto
que cercas de ira negra las entrañas
de Aquiles, y amenazas con sus manos
de nuevo a los troyanos,
que sin peligro y con ingenio engañas.
Vemos por ti en Lucrecia
la desesperación que el honor precia,

---
[44] Es decir, Juan Fernández de Navarrete (1526-1579), «el mudo».
[45] El italiano Juan Bautista Ricci (1545-1620).

de su sangre cubierto
el pecho, sin dolor alguno abierto.
Por ti el que ausente de su bien se aleja
lleva (¡oh piedad inmensa!) lo que deja.
En ti se deposita
lo que la ausencia y lo que el tiempo quita.

    Ya fue tiempo que hablaste
y fuiste a los egipcios lengua muda.
Tú también enseñaste
en la primera edad, sencilla y ruda,
alta filosofía
en doctos hieroglíficos obscuros,
y los misterios puros
de ti la religión ciega aprendía;
y tanto osaste (bien que fue dichoso
atrevimiento el tuyo y religioso)
que de aquel ser, que sin principio empieza
todas las cosas a que presta vida,
siendo solo capaz de su grandeza,
sin que fuera de sí tenga medida;
de aquel que siendo padre
de único parto con fecunda mente,
sin que en sustancia división le cuadre,
expirando igualmente
de amor correspondido,
el espíritu ardiente procedido;
de éste, pues, te atreviste
a examinar hurtada semejanza,
que de la devoción santa aprendiste.

    Tú animas la esperanza
y con sombra la alientas,
cuando lo que ella busca representas.
Y a la fe verdadera,
que mueve al cielo las veloces plantas,
la vista le adelantas
de lo que cree y espera.

Con imágenes santas
la caridad sus actos ejercita
en la deidad que tu artificio imita.

   A ti deben los ojos
poder gozar mezclados
los que presentes son y los pasados.
Tuya la gloria es y los despojos,
pues breve punta en los colores crías
cuanto el sol en el suelo,
y cuanto en él los días,
y cuando en ellos trae y lleva el cielo.

A UNA MINA

   Diste crédito a un pino,
a quien del ocio dura avara mano
trajo del monte al agua peregrino,
¡oh Leiva, de la dulce paz tirano!
Viste, amigo, tu vida
por tu codicia a tanto mal rendida.
Arrojóte violento
adonde quiso el albedrío del viento.
¿Qué condición del Euro y Noto inoras? [46]
¿Qué mudanzas no sabes de las horas?
Vives y no sé bien si despreciado
del agua o perdonado.
¡Cuántas veces los peces que el mar cierra
y tuviste en la tierra
por sustento, en la nave mal segura
les llegaste a temer por sepultura!
¿Qué tierra tan extraña
no te obligó a besar del mar la saña?

---

[46] *Euro y Noto*. Personificación mitológica de los vientos.

¿Cuál alarbe, cuál scita, turco o moro [47],
mientras al viento y agua obedecías,
por señor no temías?
Mucho te debe el oro
si, después que saliste,
pobre reliquia del naufragio triste
en vez de descansar del mar seguro,
a tu codicia hidrópica obediente,
con villano azadón del cerro duro
sangras las venas del metal luciente.
¿Por qué permites que trabajo infame
sudor tuyo derrame?
Deja oficio bestial que inclina al suelo
ojos nacidos para ver el cielo.
¿Qué te han hecho, mortal, de estas montañas
las escondidas y ásperas entrañas?
¿Qué fatigas la tierra?
Deja en paz los secretos de la sierra
a quien defiende apenas su hondura.
¿No ves que a un mismo tiempo estás abriendo
al metal puerta a ti la sepultura?
Piensa (y es un engaño vergonzoso)
que le hurtas riquezas al indio suelo.
¿Oro lamas al que es dulce desvelo
y peligro precioso,
rubia tierra, pobreza disfrazada
y ponzoña dorada?

¡Ay, no lleves contigo
metal de la quietud siempre enemigo!,
que aun la naturaleza, viendo que era
tan contrario a la santa paz primera
por ingrato y dañoso a quien le estima,

---

[47] *Alarbe*. Hombre inculto y salvaje.

y por más esconderte sus lugares,
los montes le echó encima,
sus caminos borró con altos mares.

    Doy que a tu patria vuelves al instante
que el Occidente dejas saqueado,
y que dél vas triunfante,
doy que el mar sosegado
debajo del precioso peso gime
cuando sus fuerzas líquidas oprime
la soberbia y el peso del dinero,
doy que te sirva el viento lisonjero
si su furor recelas,
doy que respete al cáñamo y las velas,
y porque tu camino esté más cierto
(bien que imposible sea)
doy que te salga a recibir el puerto
cuando tu pobre casa ya se vea.
Rico, dime si acaso
en tus montones de oro
tropezará la muerte o tendrá el paso;
si añadirá a tu vida tu tesoro
un año, un mes, un día, una hora, un punto:
no es poderoso a tanto el mundo junto.
Pues si este don tan pobre te es negado,
¿de qué esperanzas vives arrastrado?
Deja (no caves más) el metal fiero,
ve que sacas consuelo a tu heredero,
ve que buscas riquezas, si se advierte,
para premiar deseos de tu muerte.
Sacas, ¡ay!, un tirano de tu sueño,
un polvo que después será tu dueño,
y en cada grano sacas dos millones
de envidiosos, cuidados y ladrones.
Déjale, ¡oh Leiva!, si es que te aconsejas
con la santa verdad honesta y pura,
pues él te ha de dejar si no le dejas,
o te lo ha de quitar la muerte dura.

EL RELOJ DE ARENA

¿Qué tienes que contar, reloj molesto,
en un soplo de vida desdichada
que se pasa tan presto;
en un camino que es una jornada
breve y estrecha de este al otro polo,
siendo jornada que es un paso solo?
Que si son mis trabajos y mis penas,
no alcanzarás allí, si capaz vaso
fueses de las arenas
en donde el alto mar detiene el paso.
Deja pasar las horas sin sentirlas,
que no quiero medirlas,
ni que me notifiques de esa suerte
los términos forzosos de la muerte.
No me hagas más guerra,
déjame y nombre de piadoso cobra,
que harto tiempo me sobra
para dormir debajo de la tierra.

Pero si acaso por oficio tienes
el contarme la vida,
presto descansarás, que los cuidados
mal acondicionados
que alimenta lloroso
el corazón cuitado y lastimoso
y la llama atrevida
que amor, triste de mí, arde en mis venas,
menos de sangre que de fuego llenas,
no sólo me apresura
la muerte, pero abréviame el camino;
pues con pie doloroso,
mísero peregrino,
doy cercos a la negra sepultura.
Bien sé que soy aliento fugitivo;

ya sé, ya temo, ya también espero
que he de ser polvo, como tú, si muero,
y que soy vidro, como tú, si vivo.

RELOJ DE CAMPANILLA

El metal animado,
a quien mano atrevida industriosa
secretamente ha dado
vida aparente en máquina preciosa,
organizando atento
sonora voz a docto movimiento,
en quien desconocido
espíritu secreto brevemente
en un orbe ceñido
muestra el camino de la luz ardiente,
y con rueda importuna
los trabajos del sol y de la luna,
y entre ocasos y auroras
las peregrinaciones de las horas,
máquina en que el artífice que pudo
contar pasos al sol, horas al día,
mostró más providencia que osadía,
fabricando en metal disimuladas
advertencias sonoras repetidas,
pocas veces creídas,
muchas veces contadas;
tú, que estás muy preciado
de tener el más cierto, el más limado,
con diferente oído,
atiende a su intención y a su sonido.

La hora irrevocable que dio, llora;
prevén la que ha de dar y la que cuentas,
lógrala bien, que en una misma hora
te creces y te ausentas.
Si le llevas curioso,
atiéndele prudente,

que los blasones de la edad desmiente,
y en traje de reloj llevas contigo
del mayor enemigo
espía desvelada y elegante,
a ti tan semejante,
que presumiendo de abreviar ligera
la vida al sol, al cielo la carrera,
fundas toda esta máquina admirada
en una cuerda enferma y delicada,
que, como la salud en el más sano,
se gasta con sus ruedas y su mano.

    Estima sus recuerdos,
teme sus desengaños,
pues ejecuta plazos de los años
y en él te da secreto
a cada sol que pasa, a cada rayo,
la muerte un contador, el tiempo un ayo.

EL SUEÑO

    ¿Con qué culpa tan grave,
sueño blando y süave,
pude en largo destierro merecerte
que se aparte de mí tu olvido manso?
Pues no te busco yo por ser descanso,
sino por muda imagen de la muerte.
Cuidados veladores
hacen inobedientes mis dos ojos
a la ley de las horas;
no han podido vencer a mis dolores
las noches, ni dar paz a mis enojos;
madrugan más en mí que en las auroras
lágrimas a este llano,
que amanece a mi mal siempre temprano;
y tanto, que persuade la tristeza
a mis dos ojos que nacieron antes
para llorar que para verte, sueño.

De sosiego los tienes ignorantes,
de tal manera que al morir el día
con luz enferma, vi que permitía
el sol que le mirasen en poniente.
Con pies torpes al punto ciega y fría
cayó de las estrellas blandamente
la noche tras las pardas sombras mudas,
que el sueño persuadieron a la gente.
Escondieron las galas a los prados
y quedaron desnudas
estas laderas, y sus peñas solas;
duermen ya entre sus montes recostados
los mares y las olas.
Si con algún acento
ofenden las orejas,
es que entre sueños dan al cielo quejas
del yerto lecho y duro acogimiento,
que blandos hallan en los cerros duros.
Los arroyuelos puros
se adormecen al son del llanto mío,
y a su modo también se duerme el río.
Con sosiego agradable
se dejan poseer de ti las flores;
mudos están los males,
no hay cuidado que hable:
faltan lenguas y voz a los dolores,
y en todos los mortales
yace la vida envuelta en alto olvido;
tan sólo mi gemido
pierde el respeto a tu silencio santo,
yo tu quietud molesto con mi llanto
y te desacredito
el nombre de callado con mi grito.
Dame, cortés mancebo, algún reposo,
no seas digno del nombre de avariento
en el más desdichado y firme amante,

que lo merece ser por dueño hermoso,
débate alguna pausa mi tormento.
Gózante en las cabañas
y debajo del cielo
los ásperos villanos,
hállate en el rigor de los pantanos
y encuéntrate en las nieves y en el yelo
el soldado valiente,
y yo no puedo hallarte, aunque lo intente,
entre mi pensamiento y mi deseo.
Ya, pues, con dolor creo
que eres más riguroso que la tierra,
más duro que la roca,
pues te alcanza el soldado envuelto en guerra
y en ella mi alma por jamás te toca.
Mira que es gran rigor, dame siquiera
lo que de ti desprecia tanto avaro
por el oro en que alegre considera,
hasta que da la vuelta el tiempo claro,
lo que había de dormir en blanco lecho,
y da el enamorado a su señora,
y a ti se te debía de derecho;
dame lo que desprecia de ti agora
por robar el ladrón, lo que desecha
el que invidiosos celos tuvo y llora.
Quede en parte mi queja satisfecha,
tócame con el cuento de tu vara;
oirán siquiera el ruido de tus plumas
mis desventuras sumas,
que yo no quiero verte cara a cara,
ni que hagas más caso
de mí que hasta pasar por mí de paso,
o que a tu sombra negra por lo menos,
si fueres a otra parte peregrino,
se le haga camino
por estos ojos de sosiego ajenos.

Quítame, blando sueño, este desvelo,
o de él alguna parte,
y te prometo, mientras viere el cielo,
de desvelarme sólo en celebrarte.

HIMNO A LAS ESTRELLAS

A vosotras, estrellas,
alza el vuelo mi pluma temerosa:
del piélago de luz ricas centellas,
lumbres que enciende triste y dolorosa
a las exequias del difunto día,
güérfana de su luz, la noche fría;

ejército de oro
que, por campañas de zafir marchando,
guardáis el trono del eterno coro
con diversas escuadras militando;
Argos[48] divino de cristal y fuego
por cuyos ojos vela el mundo ciego;

señas esclarecidas
que con llama parlera y elocuente
por el mudo silencio repartidas
a la sombra servís de voz ardiente;
pompa que da la noche a sus vestidos,
letras de luz, misterios encendidos;

de la tiniebla triste
preciosas joyas, y del sueño helado
galas que en competencia del sol viste;
espías del amante recatado,
fuentes de luz para animar el suelo,
flores lucientes del jardín del cielo,

---

[48] *Argos*. Como nombre mitológico para personificar la vigilancia, ya que sólo dormía cerrando la mitad de sus cien ojos.

vosotras, de la luna
familia relumbrante, ninfas claras,
cuyos pasos arrastran la fortuna,
con cuyos movimientos muda caras,
árbitros de la paz y de la guerra,
que en ausencia del sol regís la tierra;

   vosotras, de la suerte
dispensadoras, luces tutelares
que dais la vida, que acercáis la muerte
mudando de semblante, de lugares;
llamas, que habláis con doctos movimientos,
cuyos trémulos rayos son acentos;

   vosotras, que enojadas
a la sed de los surcos y sembrados
la bebida negáis, o ya abrasadas
dais en ceniza el pasto a los ganados,
y si miráis benignas y clementes,
el cielo es labrador para las gentes;

   vosotras, cuyas leyes
guarda observante el tiempo en toda parte,
amenazas de príncipes y reyes,
si os aborta Saturno, Jove o Marte;
ya fijas vais o ya lleváis delante
por lúbricos caminos greña errante.

   si amasteis en la vida
y ya en el firmamento estáis clavadas,
pues la pena de amor nunca se olvida,
y aun suspiráis en signos transformadas,
con Amarilis, ninfa la más bella,
estrellas, ordenad que tenga estrella.

Si entre vosotras una
miró sobre su parto y nacimiento
y della se encargó desde la cuna,
dispensando su acción, su movimiento,
pedidla, estrellas, a cualquier que sea,
que la incline, siquiera a que me vea.

   Yo, en tanto, desatado
en humo, rico aliento de Pancaya [49],
haré que peregrino y abrasado
en busca vuestra por los aires vaya,
recataré del sol la lira mía
y empezaré a cantar muriendo el día.

   Las tenebrosas aves
que el silencio embarazan con gemido,
volando torpes y cantando graves,
más agüeros que tonos al oído,
para adular mis ansias y mis penas,
ya mis musas serán, ya mis sirenas.

JURA DEL SERENÍSIMO PRÍNCIPE DON BALTASAR CARLOS EN DOMINGO DE LA TRANSFIGURACIÓN

   Cuando glorioso entre Moisés y Elías
tiñó de resplandor el velo humano
el que, por desquitar las Jerarquías,
en mejor árbol restauró el manzano;
cuando a cortes llamó las Profecías
y por testigos sube, desde el llano
al monte donde eterno reina el cedro,
con sus primos, Jacob y Juan, a Pedro [50];

---

[49] *Aliento de Pancaya.* El incienso.
[50] La retorcida alusión temporal remite a un pasaje bíblico y a otro

cuando el tesoro de la luz ardiente,
que se disimulaba detenido,
se explayó por la faz resplandeciente
y en incendios del sol bañó el vestido;
y cuando, por gozar siempre presente
trono en eternas glorias encendido,
quiso hacer tabernáculos quien era
del que vino a fundar piedra primera;

cuando abrasados con hervores de oro
(rey de armas, una nube soberana),
ostentando elocuente su tesoro,
por más perlas que llora la mañana,
con la lira en que templa al santo coro
orbes por cuerdas cuando canta Hosana,
«Oídle, que me agradó en Él —les dijo—, y es mi
querido y siempre amado Hijo.»

Entonces tú, monarca que coronas
con dos mundos apenas las dos sienes;
tú, que haces gemir las cinco zonas,
para ceñir los reinos que mantienes;
tú, que con golfos tuyos aprisionas
las invidias del mar y los desdenes;
tú, cuarto a los Filipes, con honrarlos,
que el Quinto quitas, que pasó a los Carlos;

tú entonces, pues (¡anuncio venturoso,
colmado y rico de promesas santas!),
a imitación del rey siempre glorioso
de quien indigno calza el sol las plantas,
próvido juntamente y religioso
y humilde emulador de glorias tantas,
siempre en el cielo tu discurso fijo,
cuando el hijo nombró, nombras tu hijo.

---

evangélico (San Mateo, XVII). Todo el poema, de una compleja factura artística, emplea la perífrasis culta.

Porque fuese la acción más parecida,
si de partida con los dos trataba,
tú tratabas también de la partida,
por rescatar la religión esclava;
Él con su muerte parte a dar la vida;
tú con la vida, que tu celo alaba,
vas a que rojo en sangre tus leones
te muestren mar de tantos faraones.

Al nombre de tu hijo se debía
la corona que hereda (de la estrella
de quien tomó los rayos y la guía
el que halló al hombre y Dios, madre y doncella);
páguele a Baltasar tan claro día
lo que peregrinó sólo por vella,
y aunque Herodes le aguarde, peregrino,
Baltasar volverá por buen camino.

El nombre del que estuvo de rodillas
vertiendo en el pesebre gran tesoro
informó de grandeza las mantillas
del que vimos venir con real decoro;
por besarle la mano ilustres sillas
dejó del mundo el más sublime coro;
él en la majestad seso y cariño,
niño pudo venir, mas no fue niño.

De trinidad humana vi semblantes
como pueden mostrarse en nuestra esfera,
pues a ti tus hermanos semejantes
son segunda persona y son tercera;
los Gerïones [51], que nombró gigantes
en España la historia verdadera,
mejor los unen en los tres las lides,
pues del uno en la cuna tiembla Alcides [52].

---

[51] *Geriones.* Gigantes mitológicos de tres cabezas.
[52] *Alcides.* Personaje mitológico famoso por su fuerza extraordinaria.

Viéronse allí zodíacos mentidos,
con presunción de estrellas los diamantes,
ásperos y pesados los vestidos,
en las pálidas minas centelleantes;
de granizo de perlas van llovidos
y en tempestad preciosa relumbrantes
otros, que, porque nadie los compita,
de aljófar los nevó la Margarita.

Luego que la lealtad esclarecida
fabricó eternidad artificiosa,
haciendo pasadizo de tu vida
a la del primogénito gloriosa,
la nobleza del orbe más temida,
que de tal heredero deseosa
estuvo, hoy al Señor, que le concede,
le pide por merced que nunca herede.

Precedió la justicia a los poderes,
reinos en quien influye amor y vida
tu augusto corazón, y adonde quieres
siguen tus rayos con lealtad rendida;
en luz mirando el sol que le prefieres,
con la suya turbada o convencida,
si no empezó a llorar con el rocío
tu exceso confesó, pálido y frío.

En cuatro ruedas lirio azul venía,
reina que Francia dio a los españoles,
de quien estudia luz mendigo el día,
en quien aprenden resplandor los soles;
para saber amanecer pedía
aurora a sus mejillas arreboles;
y a la tarde Fernando [53] fue mañana,
que en púrpura precede soberana.

---

[53] *Fernando*. El Cardenal Infante, con una alusión muy circunstancial —como muchas las del poema— al color de sus ropas.

Carlos en luz y en lugar lucero,
resplandeciente precursor camina;
viene Adonis galán, Marte guerrero,
y a Venus dos congojas encamina;
va con susto la gala del acero
y menos resplandece que fulmina,
porque tu providencia, que le inflama,
le destina a los riesgos de la fama.

Inundación de majestad vertiste,
tú, hermosamente presunción del fuego;
de los ojos de todos te vestiste,
pues los de todos te llevaste luego.
Con tantos ojos, pues, tu pueblo viste,
dulce deidad de Amor, pero no ciego;
tu caballo con músico alboroto
holló sonoro y grave terremoto.

De anhelantes espumas argentaba
la razón de metal que le regía;
al viento, que por padre blasonaba,
en vez de obedecerle, desafía;
herrado de Mercurios se mostraba;
si amenazaba el suelo, no le hería,
porque de tanta majestad cargado,
aun indigno le vio de ser pisado.

A las damas el Fénix dio colores,
el Iris la mañana y primavera,
en paz vimos por marzo nieve y flores
y el suelo sostituir la octava esfera;
sus blasones de luz fueran mayores
si la reina de España no saliera;
tratólas como el sol a las estrellas:
anególas en luz con sólo vellas.

En Oriente portátil de brocado
sigue tu sol recién amanecido,
en generosos brazos recostado
y a tu corte por ellos repartido.
Mira en todos tus reinos el cuidado
que le tienen los cielos prevenido,
pues la que atiende alegre gala y fiesta
le aguarda en más edad cárcel molesta.

Juraron vasallaje y obediencia,
y besaron la mano al que no sabe
cuánto en su soberana descendencia
de augusta majestad gloriosa cabe;
mas, con anticipada providencia,
monarca sin edad se muestra grave,
que al tiempo le dispensa Dios las leyes
para la suficiencia de los reyes.

«Vive, y ten heredero, y no le dejes»,
la voz común y agradecida clama,
que aun tiene por fatiga que te alejes
a dar que hacer al grito de la fama;
por ejército vale en los herejes
tu nombre solo, que temor derrama;
las señas de tu enojo, por heridas,
que no aguardan el golpe tales vidas.

Ya sus rayos a Jove provocaron
denuedos de los hijos de la tierra,
y de montes escala fabricaron,
que tumbas arden hoy de injusta guerra;
los dos polos gimieron y tronaron
(¡tanta discordia la soberbia encierra!);
Sicilia estos escándalos admira
y Encélado en el Etna los suspira.

    En su falda, Catania, amedrentada,
cultiva sus jardines ingeniosa;
yace la primavera amenazada,
con susto desanuda cualquier rosa,
insolente la llama despeñada
lamer las flores de sus galas osa;
parece que la nieve arde el invierno
o que nievan las llamas del infierno.

    Soberbio, aunque vencido, desde el suelo
al cielo arroja rayos y centellas;
con desmayado paso y tardo vuelo
titubeando el sol se atreve a vellas;
en arma tiene puesto siempre al cielo
medrosa vecindad de las estrellas,
cuando de combatir al cielo airado
los humos solamente le han quedado.

    Tal osa contra ti, tal le contemplo
al monstro de Stocolmia[54], que tirano
padecerá castigo, cuando templo
se prometió sacrílego y profano;
tú a Flegra[55] añadirás ardiente ejemplo
allí triunfante colgará tu mano
su piel de alguna planta, que cargada
a fuerza de soberbia esté humillada.

    Padrones han de ser Rhin y Danubio
de tu venganza en tanto delincuente;
rebeldes venas les será diluvio;
cuerpos muertos y arneses, vado y puente;
rojo en su sangre se verá de rubio

---

[54] *Stocolmia*. Estocolmo.
[55] *Flegra*. La ciudad de Macedonia en la que Hércules derrotó a los gigantes.

el alemán, terror del Occidente;
tal gemirán las locas esperanzas
de quien no teme al Dios de las venganzas.

EPÍSTOLA SATÍRICA Y CENSORIA CONTRA LAS COSTUMBRES PRESENTES DE LOS CASTELLANOS, ESCRITA A DON GASPAR DE GUZMÁN, CONDE DE OLIVARES, EN SU VALIMIENTO

No he de callar, por más que con el dedo,
ya tocando la boca, o ya la frente,
silencio avises o amenaces miedo.

¿No ha de haber un espíritu valiente?
¿Siempre se ha de sentir lo que se dice?
¿Nunca se ha de decir lo que se siente?

Hoy sin miedo que libre escandalice,
puede hablar el ingenuo, asegurado
de que mayor poder le atemorice.

En otros siglos pudo ser pecado
severo estudio y la verdad desnuda,
y romper el silencio el bien hablado.

Pues sepa quien lo niega y quien lo duda,
que es lengua la verdad de Dios severo
y la lengua de Dios nunca fue muda.

Son la verdad y Dios, Dios verdadero,
ni eternidad divina los separa,
ni de los dos alguno fue primero.

Si Dios a la verdad se adelantara,
siendo verdad, implicación hubiera
en ser y en que verdad de ser dejara.

La justicia de Dios es verdadera,
y la misericordia y todo cuanto
es Dios, todo ha de ser verdad entera.

Señor Excelentísimo, mi llanto
ya no consiente márgenes ni orillas:
inundación será la de mi canto.

Ya sumergirse miro mis mejillas,
la vista por dos urnas derramada
sobre las aras de las dos Castillas.

Yace aquella virtud desaliñada,
que fue si rica menos, más temida,
en vanidad y en sueño sepultada.

Y aquella libertad esclarecida,
que en donde supo hallar honrada muerte,
nunca quiso tener más larga vida.

Y pródiga de l'alma, nación fuerte,
contaba por afrentas de los años
envejecer en brazos de la suerte.

Del tiempo el ocio torpe y los engaños
del paso de las horas y del día
reputaban los nuestros por extraños.

Nadie contaba cuánta edad vivía,
sino de qué manera; ni aun un'horà
lograba sin afán su valentía.

La robusta virtud era señora
y sola dominaba al pueblo rudo;
edad, si mal hablada, vencedora.

El temor de la mano daba escudo
al corazón, que en ella confiado
todas las armas despreció desnudo.

Multiplicó en escuadras un soldado
su honor precioso, su ánimo valiente,
de sola honesta obligación armado.

Y debajo del cielo aquella gente
si no a más descansado, a más honroso
sueño entregó los ojos, no la mente.

Hilaba la mujer para su esposo
la mortaja primero que el vestido,
menos le vio galán que peligroso.

Acompañaba el lado del marido
más veces en la hueste que en la cama;
sano le aventuró, vengóle herido.

Todas matronas y ninguna dama,
que nombres del halago cortesano
no admitió lo severo de su fama.

Derramado y sonoro el Océano
era divorcio de las rubias minas
que usurparon la paz del pecho humano.

Ni los trujo[56] costumbres peregrinas
el áspero dinero ni el Oriente
compró la honestidad con piedras finas.

Joya fue la virtud pura y ardiente,
gala el merecimiento y alabanza,
sólo se cudiciaba lo decente.

No de la pluma dependió la lanza,
ni el cántabro con cajas y tinteros
hizo el campo heredad, sino matanza.

---

[56] *Trujo*. Trajo.

Y España con legítimos dineros,
no mendigando el crédito a Liguria [57],
más quiso los turbantes que los ceros.

Menos fuera la pérdida y la injuria
si se volvieran Muzas [58] los asientos,
que esta usura es peor que aquella furia.

Caducaban las aves en los vientos
y expiraba decrépito el venado,
grande vejez duró en los elementos.

Que el vientre entonces bien disciplinado
buscó satisfacción y no hartura,
y estaba la garganta sin pecado.

Del mayor infanzón de aquella pura
república de grandes hombres era
una vaca sustento y armadura.

No había venido al gusto lisonjera
la pimienta arrugada ni del clavo [59]
la adulación fragrante forastera.

Carnero y vaca fue principio y cabo,
y con rojos pimientos y ajos duros
tan bien como el señor comió el esclavo.

---

[57] *Liguria*. Metonimia por Génova, es decir por los banqueros italianos, con cuyos préstamos («ceros») se sostenían las guerras, en otro tiempo contra los infieles («turbantes»).

[58] *Muza*. Los «asientos» eran los depósitos y préstamos bancarios, que deberían convertirse en moros enemigos, ya que Muza fue uno de los aladides árabes en la invasión de España.

[59] Las especias eran productos exóticos —y muy caros— que se traían de las Indias.

Bebió la sed los arroyuelos puros,
después mostraron del carchesio [60] a Baco
el camino los brindis mal seguros.

El rostro macilento, el cuerpo flaco
eran recuerdo del trabajo honroso,
y honra y provecho andaban en un saco.

Pudo sin miedo un español velloso
llamar a sus tudescos bacchanales
y al holandés hereje y alevoso.

Pudo acusar los celos desiguales
a la Italia; pero hoy, de muchos modos,
somos copias, si son originales.

Las descendencias gastan muchos godos,
todos blasonan, nadie los imita,
y no son sucesores, sino apodos [61].

Vino el betún precioso que vomita
la ballena o la espuma de las olas,
que el vicio, no el olor, nos acredita;

y quedaron las huestes españolas
bien perfumadas pero mal regidas,
y alhajas las que fueron pieles solas.

Estaban las hazañas mal vestidas,
y aún no se hartaba de buriel [62] y lana
la vanidad de fembras presumidas.

---

[60] *Carchesio*. El vaso para sacrificar a Baco, es decir, el vaso del vino.
[61] Hacerse descendiente de los godos era un timbre de hidalguía y noble origen.
[62] *Buriel*. Paño basto, de mala calidad.

A la seda pomposa siciliana
que manchó ardiente múrice [63], el romano
y el oro hicieron áspera y tirana.

Nunca al duro español supo el gusano
persuadir que vistiese su mortaja,
intercediendo el Can por el verano [64].

Hoy desprecia el honor al que trabaja
y entonces fue el trabajo ejecutoria,
y el vicio gradüó la gente baja.

Pretende el alentado joven gloria
por dejar la vacada sin marido
y de Ceres ofende la memoria [65];

un animal a la labor nacido
y símbolo celoso a los mortales,
que a Jove fue disfraz y fue vestido;

que un tiempo endureció manos reales,
y detrás de él los cónsules gimieron,
y rumia luz en campos celestiales,

¿por cuál enemistad se persuadieron
a que su apocamiento fuese hazaña
y a las mieses tan grande ofensa hicieron?

---

[63] *Múrice.* El molusco a partir del cual se fabricaba la púrpura.
[64] A pesar del calor del verano («El Can por el verano»).
[65] En ésta, como en las siguientes estrofas, se alude a las fiestas de toros («la vacada sin marido»), a través de varias metáforas y alusiones mitológicas, la última de las cuales se refiere al signo celeste del mismo nombre («rumia luz en campos celestiales»).

¡Qué cosa es ver un infanzón de España
abreviado en la silla a la jineta
y gastar un caballo en una caña![66]

Que la niñez al gallo le acometa
con semejante munición apruebo[67],
¡mas no la edad madura y la perfeta!

Ejercite sus fuerzas el mancebo
en frentes de escuadrones, no en la frente
del útil bruto l'asta del acebo.

El trompeta le llame diligente,
dando fuerza de ley el viento vano,
y al son esté el ejército obediente.

¡Con cuánta majestad llena la mano
la pica y el mosquete carga el hombro
del que se atreve a ser buen castellano!

Con asco entre las otras gentes nombro
al que de su persona sin decoro
más quiere nota dar, que dar asombro.

Jineta y cañas son contagio moro,
restitúyanse justas y torneos,
y hagan paces las capas con el toro.

Pasadnos vos de juegos a trofeos,
que sólo grande rey y buen privado
pueden ejecutar estos deseos.

---

[66] Es decir, los juegos de cañas, en los que se simulaban lucha con cañas.
[67] Los niños mataban un gallo por Carnestolendas con la misma técnica de las cañas.

Vos, que hacéis repetir siglo pasado,
con desembarazarnos las personas
y sacar a los miembros de cuidado;

vos distes [68] libertad con las valonas,
para que sean corteses las cabezas
desnudando el enfado a las coronas [69].

Y pues vos enmendastes las cortezas,
dad a la mejor parte medicina:
vuélvanse los tablados fortalezas.

Que la cortés estrella que os inclina
a privar sin intento y sin venganza,
milagro que a la invidia desatina,

tiene por sola bienaventuranza
el reconocimiento temeroso,
no presumida y ciega confianza.

Y si os dio el ascendiente generoso
escudos de armas y blasones llenos
y por timbre el martirio glorïoso,

mejores sean por vos los que eran buenos
Guzmanes [70], y la cumbre desdeñosa
os muestre a su pesar campos serenos.

Lograd, señor, edad tan venturosa;
y cuando nuestras fuerzas examina
persecución unidad y belicosa,

---

[68] *Distes*. Etimológico, por 'disteis'.
[69] Alude a una reglamentación de la época (en 1623), por la que se suprimieron determinados tipos de cuellos, excesivamente costosos y suntuarios.
[70] Alude a Guzmán «El Bueno», como prototipo de conducta nobiliaria.

la militar valiente disciplina
tenga más platicantes que la plaza:
descansen tela falsa y tela fina.

Suceda a la marlota [71] la coraza,
y si el Corpus con danzas no los pide,
velillos y oropel no hagan baza [72].

El que en treinta lacayos los divide,
hace suerte en el toro, y con un dedo
la hace en él la vara que los mide.

Mandadlo ansí, que aseguraros puedo
que habéis de restaurar más que Pelayo,
pues valdrá por ejércitos el miedo
y os verá el cielo administrar su rayo.

SERMÓN ESTOICO DE CENSURA MORAL

¡Oh corvas almas, oh facinorosos
espíritus furiosos!
¡Oh varios pensamientos insolentes,
deseos delincuentes,
cargados sí, mas nunca satisfechos,
alguna vez cansados,
ninguna arrepentidos,
en la copia crecidos,
y en la necesidad desesperados!
De vuestra vanidad, de vuestro vuelo,
¿qué abismo está ignorado?
Todos los senos que la tierra calla,
las llanuras que borra el Océano

---

[71] *Marlota*. Vestido árabe, ceñido al cuerpo.
[72] Si no es para celebrar la fiesta del Corpus con las danzas de espadas, que no aparezcan como juego los vestidos y adornos («velillos y oropel») de la guerra.

y los retiramientos de la noche,
de que no ha dado el sol noticia al día,
los sabe la codicia del tirano.
Ni horror, ni religión, ni piedad juntos,
defienden de los vivos los difuntos;
a las cenizas y a los huesos llega
palpando miedos la avaricia ciega.
Ni la pluma a las aves,
ni la garra a las fieras,
ni en los golfos del mar, ni en las riberas
el callado nadar del pez de plata
les puede defender del apetito;
y el orbe, que infinito
a la navegación nos parecía,
es ya corto distrito
para las diligencias de la gula,
pues de esotros sentidos acumula
el vasallaje, y ella se levanta
con cuanto patrimonio
tienen y los confunde en la garganta.
Y antes que las desórdenes del vientre
satisfagan sus ímpetus violentos,
yermos han de quedar los elementos
para que el orbe en sus angustias entre.

Tú, Clito, entretenida, mas no llena,
honesta vida gastarás contigo,
que no teme la invidia por testigo
con pobreza decente fácil cena.
Más flaco estará, ¡oh Clito!,
pero estará más sano,
el cuerpo desmayado que el ahíto,
y en la escuela divina
el ayuno se llama medicina
y esotro, enfermedad, culpa y delito.

El hombre, de las piedras descendiente
(¡dura generación, duro linaje!),
osó vestir las plumas;
osó tratar ardiente
las líquidas veredas; hizo ultraje
al gobierno de Éolo;
desvaneció su presunción Apolo
y en teatro de espumas,
su vuelo desatado,
yace el nombre y el cuerpo justiciado
y navegan sus plumas [73].
Tal has de padecer, Clito, si subes
a competir lugares con las nubes.

Del metal fue el primero
que al mar hizo guadaña de la muerte:
con tres cercos de acero
el corazón humano desmentía.
Éste, con velas cóncavas, con remos,
(¡Oh muerte!, ¡oh mercancía!),
unió climas extremos
y, rotos de la tierra
los sagrados confines,
nos enseñó con máquinas tan fieras
a juntar las riberas,
y de un leño, que el céfiro se sorbe,
fabricó pasadizo a todo el orbe,
adiestrando el error de su camino
en las señas que hace enamorada
la piedra [74] imán al norte,
de quien amante quiere ser consorte,
sin advertir que cuando ve la estrella
desvarían los éxtasis en ella.

---

[73] Cfr. la nota 24. Intentó volar, y terminó en el mar.
[74] *La piedra imán.* La brújula.

Clito, desde la orilla
navega con la vista el Océano:
óyele ronco, atiéndele tirano
y no dejes la choza por la quilla,
pues son las almas que respira Tracia
y las iras del Noto [75]
muerte en el Ponto, música en el soto.

Profanó la razón y disfamóla
mecánica codicia diligente,
pues al robo de oriente destinada
y al despojo precioso de occidente,
la vela desatada,
el remo sacudido,
de más riesgos que ondas impelido,
de Aquilón [76] enojado
siempre de invierno y noche acompañado,
del mar impetüoso
(que tal vez justifica el codicioso)
padeció la violencia,
lamentó la inclemencia
y por fuerza piadoso
a cuantos votos dedicaba a gritos,
previno en la bonanza
otros tantos delitos
con la esperanza contra la esperanza.
Éste al sol y a la luna,
que imperio dan y templo a la Fortuna,
examinando rumbos y concetos,
por saber los secretos
de la primera madre
que nos sustenta y cría,
de ella hizo miserable anatomía.
Despedazóla el pecho,

---

[75] El viento («Noto») es deleite («música») en tierra y muerte en el mar («Ponto»).
[76] *Aquilón*. El viento del norte.

rompióle las entrañas,
desangróles las venas,
que de estimado horror estaban llenas;
los claustros de la muerte
duro solicitó con hierro fuerte.
¿Y espantará que tiemble algunas veces,
siendo madre y robada
del parto, a cuanto vive, preferido?
No des la culpa al viento detenido,
ni al mar por proceloso:
de ti tiembla tu madre codicioso.
Juntas grande tesoro
y en Potosí y en Lima
ganas jornal al cerro y a la sima.
Sacas al sueño, a la quietud, desvelo;
a la maldad, consuelo;
disculpa, a la traición; premio, a la culpa;
facilidad, al odio y la venganza,
y en pálido color, verde esperanza,
y debajo de llave
pretendes acuñados,
cerrar los dioses y guardar los hados,
siendo el oro tirano de buen nombre,
que siempre llega con la muerte al hombre;
mas nunca, si se advierte,
se llega con el hombre hasta la muerte.

Sembraste, ¡oh tú, opulento!, por los vasos,
con desvelos de la arte,
desprecios del metal rico no escasos,
y en discordes balanzas
la materia vencida,
vanamente podrás después preciarte
que induciste en la sed dos destemplanzas,
donde tercera aún hoy delicia alcanzas.
Y a la naturaleza, pervertida
con las del tiempo intrépidas mudanzas,

transfiriendo al licor en el estío
prisión de invierno frío,
al brindis luego el apetito necio
del murrino [77] y cristal creció ansí el precio,
que fue pompa y grandeza
disipar los tesoros
por cosa, ¡oh vicio ciego!,
que pudiese perderse toda y luego.

   Tú, Clito, en bien compuesta
pobreza, en paz honesta,
cuanto menos tuvieres
desarmarás la mano a los placeres,
la malicia a la invidia,
a la vida el cuidado,
a la hermosura lazos,
a la muerte embarazos
y en los trances postreros,
solicitud de amigos y herederos.
Deja en vida los bienes
que te tienen, y juzgas que los tienes;
y las últimas horas
serán en ti forzosas, no molestas,
y al dar la cuenta excusarás respuestas.

   Fabrica el ambicioso
ya edificio olvidado
del poder de los días,
y el palacio crecido,
no quiere darse, no, por entendido
del paso de la edad sorda y ligera,
que fugitiva calla,

---

[77] *Murrino.* Taza hecha de jade o de metal precioso.

y en silencio mordaz mal advertido
digiere la muralla,
los alcázares lima
y la vida del mundo poco a poco
o la enferma o lastima.

   Los montes invencibles
que la naturaleza
eminentes crió para sí sola
(paréntesis de reinos y de imperios),
al hombre inaccesibles,
embarazando el suelo
con el horror de puntas desiguales,
que se oponen, erizo bronco, al cielo,
después que les sacó de sus entrañas
la avaricia, mostrándola a la tierra,
mentida en el color de los metales,
cruda y preciosa guerra,
osó la vanidad cortar sus cimas
y desde las cervices
hender a los peñascos las raíces;
y erudito ya el hierro,
porque el hombre acompañe
con magnífico adorno sus insultos,
los duros cerros adelgaza en bultos,
y viven los collados
en atrios y en alcázares cerrados,
que apenas los cubría
el campo eterno que camina el día.
Desarmaron la orilla,
desabrigaron valles y llanuras
y borraron del mar las señas duras;
y los que en pie estuvieron,
y eminentes rompieron
la fuerza de los golfos insolentes,
y fueron objeción, yertos y fríos,

de los atrevimientos de los ríos,
agora navegados,
escollos y collados
los vemos en los pórticos sombríos,
mintiendo fuerzas y doblando pechos,
aun promontorios sustentar los techos.
Y el rústico linaje
que fue de piedra dura,
vuelve otra vez viviente en escultura.

   Tú, Clito, pues le debes
a la tierra ese vaso de tu vida,
en tan poca ceniza detenida
y en cárceles tan frágiles y breves
hospedas alma eterna,
no presumas, ¡oh Clito!, ¡oh!, no presumas
que la del alma casa tan moderna
y de tierra caduca,
viva mayor posada que ella vive,
pues que en horror la hospeda y la recibe.
No sirve lo que sobra
y es grande acusación la grande obra,
sepultura imagina el aposento
y el alto alcázar vano monumento.

   Hoy al mundo fatiga
hambrienta y con los ojos desvelados
la enfermedad antigua,
que a todos los pecados
adelantó en el cielo su malicia
en la parte mejor de su milicia.
Invidia sin color y sin consuelo,
mancha primera que borró la vida
a la inocencia humana
de la quietud y la verdad tirana,
furor envejecido,
del bien ajeno por su mal nacido,
veneno de los siglos, si se advierte,
y miserable causa de la muerte.

Este furor eterno.
con afrenta del sol pobló el infierno,
y debe a sus intentos ciegos, vanos,
la desesperación sus ciudadanos.
Ésta previno avara
al hombre las espinas en la tierra,
y el pan, que le mantiene en esta guerra,
con sudor de sus manos y su cara.
Fue motín porfiado
en la progenie de Abraham eterna,
contra el padre del pueblo endurecido,
que dio por ellos el postrer gemido.
La invidia no combate
los muros de la tierra y mortal vida,
si bien la salud propria combatida
deja también, sólo pretende palma
de batir los alcázares de l'alma,
y antes que las entrañas
sientan su artillería,
aprisiona el discurso, si porfía.
Las distantes llanuras de la tierra
a dos hermanos fueron
angosto espacio para mucha guerra;
y al que naturaleza
hizo primero, pretendió por dolo
que la invidia mortal le hiciese solo.

  Tú, Clito, doctrinado
del escarmiento amigo,
obediente a los doctos desengaños,
contarás tantas vidas como años,
y acertará mejor tu fantasía
si conoces que naces cada día.
Invidia los trabajos, no la gloria,
que ellos corrigen y ella desvanece,
y no serás horror para la historia,

que con sus sucesos de los reyes crece.
De los ajenos bienes
ten piedad, y temor de los que tienes;
goza la buena dicha con sospecha,
trata desconfiado la ventura
y póstrate en la altura;
y a las calamidades.
Invidia la humanidad y las verdades,
y advierte que tal vez se justifica
la invidia en los mortales
y sabe hacer un bien en tantos mortales;
culpa y castigo que tras sí se viene,
pues que consume al propio que la tiene.

    La grandeza invidiada,
la riqueza modesta y espiada,
el polvo cortesano,
el poder soberano,
asistido de penas y de enojos,
siempre tienen quejosos a los ojos,
amedrentado el sueño,
la conciencia con ceño,
la verdad acusada,
la mentira asistente,
miedo en la soledad, miedo en la gente,
la vida peligrosa,
la muerte apresurada y belicosa.

    ¡Cuán raros han bajado los tiranos,
delgadas sombras, a los reinos vanos
del silencio severo
con muerte seca y con el cuerpo entero!
Y vio el yerno de Ceres [78]
pocas veces llegar, hartos de vida,
los reyes sin veneno o sin herida.

---

[78] *El yerno de Ceres.* Plutón, el dios de los infiernos, que había raptado a la hija de Ceres, Proserpina.

Sábenlo bien aquellos
que de joyas y oro
ciñen medroso cerco a los cabellos.
Su dolencia mortal es su tesoro;
su pompa y su cuidado, sus legiones;
y el que en la variedad de las naciones
se agrada más y crece
los ambiciosos títulos profanos,
es, cuanto más se precia de monarca,
más ilustre desprecio de la Parca.

El africano duro [79]
que en los Alpes vencer pudo el invierno
y a la naturaleza
de su alcázar mayor la fortaleza,
de quien, por darle paso al señorío,
la mitad de la vista cobró el frío,
en Canas, el furor de sus soldados,
con la sangre de venas consulares,
calentó los sembrados,
fue susto del imperio,
hízole ver la cara al captiverio,
dio noticia del miedo su osadía
a tanta presunción de monarquía;
y peregrino, desterrado y preso
poco después por desdeñoso hado
militó contra sí desesperado.
Y vengador de muertes y vitorias,
y no invidioso menos de sus glorias,
un anillo piadoso
sin golpe ni herida
más temor quitó en Roma que en él vida;
y ya, en urna ignorada,
tan grande capitán y tanto miedo
peso serán apenas para un dedo.

---

[79] Comienza aquí una evocación de Aníbal, cuyos recuerdos ocupan toda la estrofa.

Mario nos enseñó que los trofeos
llevan a las prisiones
y que el triunfo que ordena la Fortuna
tiene en Minturnas [80] cerca la laguna.
Y si te acercas más a nuestros días,
¡oh Clito!, en las historias
verás, donde con sangre las memorias
no estuvieren borradas,
que de horrores manchadas
vidas tantas están esclarecidas,
que leerás más escándalos que vidas.

   Id, pues, grandes señores,
a ser rumor del mundo;
y, comprado la guerra,
fatigad la paciencia de la tierra,
provocad la impaciencia de los mares
con desatinos nuevos,
sólo por emular locos mancebos,
y a costa de prolija desventura
será la aclamación de su locura.

   Clito, quien no pretende levantarse
puede arrastrar, mas no precipitarse.
El bajel que navega
orilla, ni peligro ni se anega.
Cuando Jove se enoja soberano,
más cerca tiene el monte que no el llano,
y la encina en la cumbre
teme lo que desprecia la legumbre.
Lección te son las hojas
y maestros las peñas.
Avergüénzate, ¡oh Clito!,
con alma racional y entendimiento,

---

[80] *Minturnas*. La ciudad en la que acabó por refugiarse el cónsul Mario, perseguido por Sila.

que te pueda en España
llamar rudo discípulo una caña,
pues si no te moderas,
será de tus costumbres a su modo
verde reprehensión el campo todo.

II. POESÍA AMOROSA

AMANTE AUSENTE DEL SUJETO AMADO DESPUÉS DE LARGA NAVEGACIÓN

Fuego a quien tanto mar ha respetado
y que en desprecio de las ondas frías
pasó abrigado en las entrañas mías,
después de haber mis ojos navegado,

merece ser al cielo trasladado,
nuevo esfuerzo del sol y de los días,
y entre las siempres amantes jerarquías
en el pueblo de luz arder clavado.

Dividir y apartar puede el camino,
mas cualquier paso del perdido amante
es quilate al amor puro y divino.

Yo dejo la alma atrás, llevo adelante
desierto y solo el cuerpo peregrino,
y a mi no traigo cosa semejante.

COMPARA CON EL ETNA LAS PROPRIEDADES DE SU AMOR

Ostentas, de prodigios coronado,
sepulcro fulminante, monte aleve,
las hazañas del fuego y de la nieve
y el incendio de los yelos hospedado.

Arde el hibierno en llamas erizado,
y el fuego lluvias y granizos bebe;
truena, si gimes; si respiras, llueve
en cenizas tu cuerpo derramado.

Si yo no fuera a tanto mal nacido,
no tuvieras, ¡oh Etna!, semejante,
fueras hermoso monstro sin segundo.

Mas como en alta nieve ardo encendido,
soy Encélado [81] vivo y Etna amante,
y ardiente imitación de ti en el mundo.

CON EJEMPLOS MUESTRA A FLORA LA BREVEDAD DE LA HERMOSURA PARA NO MALOGRARLA

La mocedad del año, la ambiciosa
vergüenza del jardín, el encarnado
oloroso rubí, Tiro abreviado [82],
también del año presunción hermosa;

la ostentación lozana de la rosa,
deidad del campo, estrella del cercado;
el almendro, en su propria flor nevado,
que anticiparse a los calores osa,

reprehensiones son, ¡oh Flora!, mudas
de las hermosura y la soberbia humana,
que a las leyes de flor está sujeta.

---

[81] *Encélado*. Cuenta la mitología que fue uno de los Titanes encerrados en el Etna, el que produce las salidas volcánicas.
[82] Cfr. nota 10. Nueva alusión, por tanto, a la púrpura de Tiro.

Tu edad se pasará mientras lo dudas,
de ayer te habrás de arrepentir mañana,
y tarde y con dolor serás discreta.

COMPARA EL CURSO DE SU AMOR CON EL DE UN ARROYO

Torcido, desigual, blando y sonoro,
te resbalas secreto entre las flores,
hurtando la corriente a los calores,
cano en la espuma y rubio con el oro.

En cristales dispensas tu tesoro,
líquido plectro a rústicos amores,
y templando por cuerdas ruiseñores,
te ríes de crecer con lo que lloro.

De vidro en las lisonjas, divertido [83],
gozoso vas al monte y, despeñado,
espumoso encaneces con gemido.

No de otro modo el corazón cuitado
a la prisión, al llanto se ha venido
alegre, inadvertido y confiado.

FINGE DENTRO DE SÍ UN INFIERNO, CUYAS PENAS PROCURA MITIGAR, COMO ORFEO, CON LA MÚSICA DE SU CANTO, PERO SIN PROVECHO

A todas partes que me vuelvo veo
las amenazas de la llama ardiente
y en cualquier lugar tengo presente
tormento esquivo y burlador deseo

---

[83] *Divertido*. Distraído.

La vida es mi prisión y no lo creo;
y al son del hierro, que perpetuamente
pesado arrastro y humedezco ausente,
dentro de mí proprio pruebo a ser Orfeo.

Hay en mi corazón furias y penas,
en él es el Amor fuego y tirano,
y yo padezco en mí la culpa mía.

¡Oh dueño sin piedad que tal ordenas,
pues del castigo de enemiga mano
no es preciso ni rescate l'armonía!

AMANTE QUE HACE LECCIÓN PARA APRENDER A AMAR DE MAESTROS IRRACIONALES

Músico llanto en lágrimas sonoras
llora monte doblado en cueva fría
y destilando líquida armonía
hace las peñas cítaras canoras.

Ameno y escondido a todas horas
en mucha sombra alberga poco día,
no admite su silencio compañía:
sólo a ti, Solitario [84], cuando lloras.

Son tu nombre, color y voz doliente
señas más que de pájaro de amante,
puede aprender dolor de ti un ausente.

---

[84] *Solitario*. Es una variedad de ave.

Estudia en tu lamento y tu semblante
gemidos este monte y esta fuente,
y tienes mi dolor por estudiante.

ARDOR DISIMULADO DE AMANTE

Salamandra frondosa y bien poblada
te vio la antigüedad, columna ardiente,
¡oh Vesubio gigante, el más valiente
que al cielo amenazó con diestra osada!

Después, de varias flores esmaltada,
jardín piramidal fuiste y luciente
mariposa en tus llamas inclemente,
y en quien toda Pomona fue abrasada.

Ya fénix [85] cultivada te renuevas,
en eternos incendios repetidos,
y noche al sol y al cielo luces llevas.

¡Oh monte, emulación de mis gemidos,
pues yo en el corazón y tú en las cuevas
callamos los volcanes florecidos!

A AMINTA, QUE SE CUBRIÓ LOS OJOS
CON LA MANO

Lo que me quita en fuego me da en nieve
la mano que tus ojos me recata;
y no es menos rigor con el que mata,
ni menos llamas su blancura mueve.

---

[85] *Fénix.* El ave Fénix, que renacía de sus cenizas, como los jardines que rodean al monte Vesubio («jardín piramidal»), abrasados por la cercanía de la luz, del fuego volcánico, como las mariposas.

La vista frescos los incendios bebe
y volcán por las venas los dilata,
con miedo atento a la blancura trata
el pecho amante, que la siente aleve.

Si de tus ojos al ardor tirano
le pasas por tu mano por templarle,
es gran piedad del corazón humano;

mas no de ti, que puede al ocultarle,
pues es de nieve, derretir tu mano,
si ya tu mano no pretende helarle.

QUIERE QUE LA HERMOSURA CONSISTA EN EL MOVIMIENTO

No es artífice, no, la simetría
de la hermosura que en Floralba veo,
ni será de los números [86] trofeo
fábrica que desdeña al sol y al día.

No resulta de música armonía
(perdonen sus milagros en Orfeo),
que bien la reconoce mi deseo
oculta majestad que el cielo envía.

Puédese padecer, mas no saberse;
puédese codiciar, no averiguarse,
alma que en movimientos puede verse.

No puede en la quietud difunta hallarse
hermosura que es fuego en el moverse
y no puede viviendo sosegarse.

---

[86] *Números.* Según la teoría platónica la belleza dependía de la proporción o armonía («números») de las partes.

QUEJARSE EN LAS PENAS DE AMOR DEBE SER PERMITIDO Y NO PROFANA EL SECRETO

Arder sin voz de estrépito doliente
no puede el tronco duro inanimado;
el robre se lamenta y, abrasado,
el pino gime al fuego que no siente.

¿Y ordenas, Floris, que en tu llama ardiente
quede en muda ceniza desatado
mi corazón sensible y animado,
víctima de tus aras obediente?

Concédame tu fuego lo que al pino
y al robre les concede voraz llama:
piedad cabe en incendio que es divino.

Del volcán que en mis venas se derrama
diga su ardor el llanto que fulmino,
mas no le sepa de mi voz la Fama.

AMOR QUE SIN DETENERSE EN EL AFECTO SENSITIVO PASA AL INTELECTUAL

Mandóme, ¡ay Fabio!, que la amase Flora
y que no la quisiese; y mi cuidado,
obediente y confuso y mancillado,
sin desearla su belleza adora.

Lo que el humano afecto siente y llora
goza el entendimiento, amartelado
del espíritu eterno, encarcelado
en el claustro mortal que le atesora.

Amar es conocer virtud ardiente;
querer es voluntad interesada,
grosera y descortés caducamente.

El cuerpo es tierra y lo será y fue nada,
de Dios procede a eternidad la mente,
eterno amante soy de eterna amada.

AMANTE, AGRADECIDO A LAS LISONJAS MENTIROSAS DE UN SUEÑO

¡Ay, Floralba! Soñé que te... ¿Dirélo?
Sí, pues que sueño fue: que te gozaba;
¿y quién sino un amante que soñaba
juntara tanto infierno a tanto cielo?

Mis llamas con tu nieve y con tu yelo,
cual suele opuestas flechas de su aljaba,
mezclaba Amor, y honesto las mezclaba,
como mi adoración en su desvelo.

Y dije: «Quiera Amor, quiera mi suerte,
que nunca duerma yo si estoy despierto,
y que si duermo, que jamás despierte.»

Mas desperté del dulce desconcierto
y vi que estuve vivo con la muerte,
y vi que con la vida esta muerto.

SONETO AMOROSO

Más solitario pájaro ¿en cuál techo
se vio jamás, ni fiera en monte o prado?
Desierto estoy de mí, que me ha dejado
mi alba propria en lágrimas deshecho.

Lloraré siempre mi mayor provecho,
penas serán y hiel cualquier bocado;
la noche afán y la quietud cuidado,
y duro campo de batalla el lecho.

El sueño, que es imagen de la muerte,
en mí a la muerte vence en aspereza,
pues que me estorba el sumo bien de verte.

   Que es tanto tu donaire y tu belleza,
que, pues naturaleza pudo hacerte,
milagro puede hacer naturaleza.

SONETO AMOROSO

   Dejad que a voces diga el bien que pierdo,
si con mi llanto a lástima os provoco,
y permitidme hacer cosas de loco,
que parezco muy mal amante y cuerdo.

   La red que rompo y la prisión que muerdo
y el tirano rigor que adoro y toco,
para mostrar mi pena son muy poco,
si por mi mal de lo que fui me acuerdo.

   ¡Óiganme todos!: consentid siquiera
que harto de esperar y de quejarme,
pues sin premio viví, sin juicio muera.

   De gritar solamente quiero hartarme.
Sepa de mí, a lo menos, esta fiera
que he podido morir y no mudarme.

SONETO AMOROSO

   Por la cumbre de un monte levantado
mis temerosos pasos guío,
por norte llevo sólo mi albedrío
y por mantenimiento mi cuidado.

Llega la noche y hállome engañado,
y sólo en la esperanza me confío;
llego al corriente mar de un hondo río:
ni hallo barca, ni puente, ni hallo vado.

Por la ribera arriba el paso arrojo.
Dame contento el agua con su ruido,
mas en verme perdido me congojo.

Hallo pisadas de otro que ha subido,
párome a verlas; pienso con enojo
si son de otro, como yo, perdido.

QUE DE LISI EL HERMOSO DESDÉN FUE LA PRISIÓN DE SU ALMA LIBRE

¿Qué importa blasonar del albedrío,
alma, de eterna y libre tan preciada,
si va en prisión de un ceño y, conquistada,
padece en un cabello señorío?

Nació monarca del imperio mío
la mente, en noble libertad criada;
hoy en esclavitud yace amarrada
al semblante severo de un desvío.

Una risa, unos ojos, unas manos
todo mi corazón y mis sentidos
saquearon hermosos y tiranos;

y no tienen consuelo mis gemidos,
pues ni de su vitoria están ufanos,
ni de mi perdición compadecidos.

RETRATO NO VULGAR DE LISI

Crespas hebras sin ley desenlazadas
que en un tiempo tuvo entre las manos Midas [87],
en nieve estrellas negras encendidas
y cortésmente en paz de ella guardadas.

Rosas a abril y mayo anticipadas,
de la injuria del tiempo defendidas;
auroras en la risa amanecidas,
con avaricia del clavel guardadas.

Vivos planetas de animado cielo,
por quien a ser monarca Lisi aspira
de libertades que en sus luces ata.

Esfera es racional que ilustra el suelo,
en donde reina Amor cuanto ella mira
y en donde vive Amor cuando ella mata.

COMUNICACIÓN DE AMOR INVISIBLE POR LOS OJOS

Si mis párpados, Lisi, labios fueran,
besos fueran los rayos visüales
de mis ojos, que al sol miran caudales
águilas, y besaran más que vieran.

Tus bellezas hidrópicos [88] bebieran,
y cristales sedientos de cristales,
de luces y de incendios celestiales,
alimentando su morir vivieran.

---

[87] *Midas*. Cfr. nota 34. Porque convertían todo lo que tocaban en oro: sus cabellos eran dorados.
[88] *Hidrópicos*. 'Ávidos de agua.'

De invisible comercio mantenidos
y desnudos de cuerpo, los favores
gozaran mis potencias y sentidos;

mudos se requebraran los ardores;
pudieran apartados verse unidos,
y en público, secretos, los amores.

PELIGROS DE HABLAR Y DE CALLAR, Y LENGUAJE EN EL SILENCIO

¿Cómo es tan largo en mí dolor tan fuerte,
Lisi? Si hablo y digo el mal que siento,
¿qué disculpa tendrá mi atrevimiento?
Si callo, ¿quién podrá excusar mi muerte?

Pues ¿cómo sin hablarte podrá verte
mi vista y mi semblante macilento?
Voz tiene en el silencio el sentimiento:
mucho dicen las lágrimas que vierte.

Bien entiende la llama quien la enciende,
y quien los causa entiende los enojos,
y quien manda silencios los entiende.

Suspiros, del dolor mudos despojos,
también la boca a razonar aprende,
como con llanto y sin hablar los ojos.

DICE QUE SU AMOR NO TIENE PARTE ALGUNA TERRESTRE

Por ser mayor el cerco de oro ardiente
del sol que el globo opaco de la tierra,
y menor que éste el que a la luna cierra
las tres caras que muestra diferente,

ya la vemos menguante, ya creciente,
ya en la sombra el eclipse nos la entierra;
mas a los seis planetas no hace guerra,
ni estrella fija sus injurias siente.

La llama de mi amor, que está clavada
en el alto cenit del firmamento,
ni mengua en sombras ni se ve eclipsada.

Las manchas de la tierra no las siento,
que no alcanza su noche a la sagrada
región donde mi fe tiene su asiento.

AMOR IMPRESO EN EL ALMA, QUE DURA DESPUÉS DE LAS CENIZAS

Si hija de mi amor mi muerte fuese,
¡qué parto tan dichoso que sería
el de mi amor contra la vida mía!
¡Qué gloria que el morir de amar naciese!

Llevara yo en el alma adonde fuese
el fuego en que me abraso, y guardaría
su llama fiel con la ceniza fría
en el mismo sepulcro en que durmiese.

De esotra parte de la muerte dura
vivirán en mi sombra mis cuidados
y más allá del Lethe [89] mi memoria.

Triunfará del olvido tu hermosura,
mi pura fe y ardiente de los hados,
y el no ser por amar será mi gloria.

---

[89] *Lethe.* Uno de los ríos, el más famoso, del infierno, como sinónimo de 'muerte'.

ADVIERTE CON SU PELIGRO A LOS QUE LEYEREN SUS LLAMAS

   Si fuere que después al postrer día
que negro y frío sueño desatare
mi vida, se leyere o se cantare
mi fatiga en amar, la pena mía;

   cualquier que de talante hermoso fía
serena libertad, si me escuchare,
si en mi perdido error escarmentare,
deberá su quietud a mi porfía.

   Atrás se queda, Lisi, el sexto año
de mi suspiro; yo, para escarmiento
de los que han de venir, paso adelante.

   ¡Oh en el reino de amor huésped extraño!,
sé docto con la pena y el tormento
de un ciego y sin ventura fiel amante.

SEPULCRO DE SU ENTENDIMIENTO EN LAS PERFECCIONES DE LISI

   En este incendio hermoso que, partido
en dos esfera breves, fulminando
reina glorioso y con imperio blando
auctor es de un dolor tan bien nacido;

   en esta nieve donde está florido
mayo los duros Alpes matizando;
en este Oriente donde están hablando
por coral las sirenas del sentido;

   debajo de esta piedra endurecida,
en quien mi afecto está fortificado
y quedó mi esperanza convertida,

yace mi entendimiento fulminado.
Si es su inscripción mi congojosa vida,
dentro del cielo viva sepultado.

RETRATO DE LISI QUE TRAÍA EN UNA SORTIJA

En breve cárcel traigo aprisionado,
con toda su familia de oro ardiente,
cerco de la luz resplandeciente
y grande imperio del amor cerrado.

Traigo el campo que pacen estrellado
las fieras altas de la piel luciente,
y a escondidas del cielo y del Oriente
día de luz y parto mejorado.

Traigo todas las Indias en mi mano,
perlas que en un diamante por rubíes
pronuncian con desdén sonoro yelo.

y razonan tal vez fuego tirano
relámpagos de risa carmesíes,
auroras, gala y presunción del cielo.

AMOR DE SOLA UNA VISTA NACE, VIVE, CRECE Y SE PERPETÚA

Diez años de mi vida se ha llevado
en veloz fuga y sorda el sol ardiente,
después que en tus dos ojos vi el Oriente,
Lísida, en hermosura duplicado.

Diez años en mis venas he guardado
el dulce fuego que alimento, ausente,
de mi sangre. Diez años en mi mente
con imperio tus luces han reinado.

Basta ver una vez grande hermosura,
que una vez vista eternamente enciende
y en l'alma impresa eternamente dura.

Llama que a la inmortal vida trasciende,
ni teme con el cuerpo sepultura,
ni el tiempo la marchita ni la ofende.

AMOR CONSTANTE MÁS ALLÁ DE LA MUERTE

Cerrar podrá mis ojos la postrera
sombra que me llevare el blanco día,
y podrá desatar esta alma mía
hora a su afán ansioso lisonjera;

mas no de esotra parte en la ribera
dejará la memoria en donde ardía,
nadar sabe mi llama la agua fría
y perder el respeto a ley severa.

Alma a quien todo un dios prisión ha sido,
venas que humor a tanto fuego han dado,
medulas que han gloriosamente ardido,

su cuerpo dejará, no su cuidado;
serán ceniza, mas tendrá sentido;
polvo serán, mas polvo enamorado.

SOLICITUD DE SU PENSAMIENTO ENAMORADO Y AUSENTE

¿Qué buscas, porfiado pensamiento,
ministro sin piedad de mi locura,
invisible martirio, sombra obscura,
fatal persecución del sufrimiento?

Si del largo camino estás sediento,
mi vista bebe, su corriente apura;
si te promete albricias la hermosura
de Lisi, por mi fin, vuelve contento.

Yo muero, Lisi, preso y desterrado;
pero si fue mi muerte la partida,
de puro muerto estoy de mí olvidado.

Aquí para morir me falta vida,
allá para vivir sobró cuidado.
Fantasma soy en penas detenida.

AMANTE DESESPERADO DEL PREMIO Y OBSTINADO EN AMAR

¡Qué perezosos pies, qué entretenidos
pasos lleva la muerte por mis daños!
El camino me alargan los engaños
y en mí se escandalizan los perdidos.

Mis ojos no se dan por entendidos,
y por descaminar mis desengaños,
me disimulan la verdad los años
y les guardan el sueño a los sentidos.

Del vientre a la prisión viene en naciendo,
de la prisión iré al sepulcro amando,
y siempre en el sepulcro estaré ardiendo.

Cuantos plazos la muerte me va dando,
prolijidades son, que va creciendo,
porque no acabe de morir penando.

EXHORTA A LOS QUE AMAREN, QUE NO SIGAN LOS PASOS POR DONDE HA HECHO SU VIAJE

Cargado voy de mí, veo delante
muerte que me amenaza la jornada;
ir porfiando por la senda errada
más de necio será que de constante.

Si por su mal me sigue ciego amante
(que nunca es sola suerte desdichada),
¡ay!, vuelva en sí y atrás, no dé pisada
donde la dio tan ciego caminante.

Ved cuán errado mi camino ha sido;
cuán solo y triste y cuán desordenado,
que nunca ansí le anduvo pie perdido;

pues, por no desandar lo caminado,
viendo delante y cerca fin temido,
con pasos que otros huyen te he buscado.

LAMENTACIÓN, AMOROSA Y POSTRERO SENTIMIENTO DE AMANTE

No me aflige morir, no he rehusado
acabar de vivir ni he pretendido
alargar esta muerte, que ha nacido
a un tiempo con la vida y el cuidado.

Siento haber de dejar deshabitado
cuerpo que amante espíritu he ceñido;
desierto un corazón siempre encendido,
donde todo el amor reinó hospedado.

Señas me da mi ardor de fuego eterno
y de tan larga y congojosa historia
sólo será escritor mi llanto tierno.

Lisi, estáme diciendo la memoria
que pues tu gloria la padezco infierno,
que llame al padecer tormentos gloria.

PROSIGUE EN EL MISMO ESTADO DE SUS AFECTOS

Amor me ocupa el seso y los sentidos,
absorto estoy en éxtasi amoroso,
no me concede tregua ni reposo
esta guerra civil de los nacidos.

Explayóse el raudal de mis gemidos
por el grande distrito y doloroso
del corazón, en su penar dichoso,
y mis memorias anegó en olvidos.

Todo soy ruinas, todo soy destrozos,
escándalo funesto a los amantes,
que fabrican de lástimas sus gozos.

Los que han de ser y los que fueron antes
estudien su salud en mis sollozos,
y envidien mi dolor si son constantes.

DESEA PARA DESCANSAR EL MORIR

Mejor vida es morir que vivir muerto;
¡oh piedad!, en ti cabe gran fiereza,
pues mientes apacible tu aspereza
y detienes la vida al pecho abierto.

El cuerpo, que de l'alma está desierto
(ansí lo quiso amor de alta belleza),
de dolor se despueble y de tristeza:
descanse, pues, de mármoles cubierto.

En mí la crueldad será piadosa
en darme muerte y sólo el darme vida
piedad será tirana y rigurosa.

Y ya que supe amar esclarecida
virtud siempre triunfante, siempre hermosa,
tenga paz mi ceniza presumida.

AMANTE APARTADO, PERO NO AUSENTE, AMADOR DE LA HERMOSURA DE L'ALMA SIN OTRO DESEO

Puedo estar apartado, mas no ausente;
y en soledad, no solo; pues delante
asiste el corazón, que arde constante
en la pasión que siempre está presente.

El que sabe estar solo entre la gente
se sabe solo acompañar: que, amante,
la membranza [90] de aquel bello semblante
a la imaginación se le consiente.

Yo vi hermosura y penetré la alteza
de virtud soberana en mortal velo:
adoro l'alma, admiro la belleza.

Ni yo pretendo premio ni consuelo,
que uno fuera soberbia, otro vileza:
menos me atrevo a Lisi, pues, que al cielo.

---

[90] *La membranza*. El recuerdo.

REFIERE LA EDAD DE SU AMOR Y QUE NO ES TROFEO DEL PODER DEL QUE LLAMAN DIOS, SINO DE LA HERMOSURA DE LISI

Hoy cumple amor en mis ardientes venas
veinte y dos años, Lisi, y no parece
que pasa día por él; y siempre crece
el fuego contra mí, y en mí las penas.

Veinte y dos años ha que estas cadenas
el corazón idólatra padece,
y si tal vez el pie las estremece,
oigo en sus eslabones mis sirenas.

Si amor presume que su fuerza dura
tiene mi libertad en tal estado,
véngase a mí sin tu belleza pura;

que yo le dejaré desengañado
de que el poder asiste en tu hermosura,
y en él un nombre ocioso y usurpado.

A LÍSIDA, PIDIÉNDOLE UNAS FLORES QUE TENÍA EN LA MANO Y PERSUDIÉNDOLA IMITE A UNA FUENTE

Ya que huyes de mí, Lísida hermosa,
imita las costumbres desta fuente,
que huye de la orilla eternamente
y siempre la fecunda generosa.

Huye de mí cortés, y desdeñosa
sígate de mis ojos la corriente;
y, aunque de paso, tanto fuego ardiente
merézcate una yerba y una rosa.

Pues mi pena ocasionas, pues te ríes
del congojoso llanto que derramo
en sacrificio al claustro de rubíes,

perdona lo que soy por lo que amo;
y cuanto desdeñosa te desvíes,
llévate allá la voz con que te llamo.

DICE QUE COMO EL LABRADOR TEME EL AGUA CUANDO VIENE CON TRUENOS, HABIÉNDOLA DESEADO, ANSÍ ES LA VISTA DE SU PASTORA

Ya viste que acusaban los sembrados
secos las nubes y las lluvias; luego
viste en la tempestad temer el riego
los surcos, con el rayo amenazados.

Más quieren verse secos que abrasados,
viendo que al agua le acompaña el fuego,
y el relámpago y trueno sordo y ciego;
y mustio el campo teme los nublados.

No de otra suerte temen la hermosura
que en los tuyos mis ojos codiciaron,
anhelando la luz serena y pura;

pues luego que se abrieron, fulminaron,
y amedrentando el gozo a mi ventura,
encendieron en mí cuanto miraron.

SONETO AMOROSO

A fugitivos sombra dos abrazos,
en los sueños se cansa el alma mía,
paso luchando a solas noche y día
con un rasgo que traigo entre mis brazos.

Cuando le quiero más ceñir con lazos
y viendo mi sudor se me desvía,
vuelvo con nueva fuerza a mi porfía
y temas con amor me hacen pedazos.

   Voyme a vengar en una imagen vana
que no se aparta de los ojos míos,
búrlame y de burlarme corre ufana.

   Empiézola a seguir, fáltanme bríos
y como de alcanzarla tengo gana,
hago correr tras ella el llanto en ríos.

SONETO AMOROSO

   ¿Qué imagen de la muerte rigurosa,
qué sombra del infierno me maltrata?
¿Qué tirano cruel me sigue y mata
con vengativa mano licenciosa?

   ¿Qué fantasma en la noche temerosa
el corazón del sueño me desata?
¿Quién te venga de mí, divina ingrata,
más por mi mal que por tu bien hermosa?

   ¿Quién, cuando con dudoso pie y incierto
piso la soledad de aquesta arena,
me puebla de cuidados el desierto?

   ¿Quién el antiguo son de mi cadena
a mis orejas vuelve, si es tan cierto
que aun no te acuerdas tú de darme pena?

III. POESÍA FESTIVA

ENCARECE LOS AÑOS DE UNA VIEJA NIÑA

Antes que el repelón, eso fue antaño;
ras con ras [91] de Caín, o, por lo menos,
la quijada que cuentan los morenos
y ella fueron quijadas en un año.

Sécula securolum es tamaño
muy niño, y el Diluvio con sus truenos;
ella y la sierpe son ni más ni menos,
y el rey que dicen que rabió es hogaño.

No había a la estaca preferido el clavo
ni las dueñas usado cenojiles [92],
es más vieja que *Présteme un ochavo.*

Seis mil años les lleva a los candiles;
y si cuentan su edad de cabo a cabo,
puede el guarismo andarse a buscar miles.

A UN HOMBRE DE GRAN NARIZ

Érase un hombre a una nariz pegado,
érase una nariz superlativa,
érase una alquitara medio viva,
érase un peje espada mal barbado;

---

[91] *Ras con ras.* A un mismo nivel, en la misma época.
[92] *Cenojil.* Prenda que cubría la cabeza de las viejas («dueñas»).

era un reloj de sol mal encarado,
érase un elefante boca arriba,
érase una nariz sayón y escriba,
un Ovidio Nasón mal narigado;

érase el espolón de una galera,
érase una pirámide de Egito,
los doce tribus de narices era;

érase un naricísimo infinito,
frisón [93] archinariz, caratulera [94],
sabañón garrafal, morado y frito.

MUJER PUNTIAGUDA CON ENAGUAS

Si eres campana, ¿dónde está el badajo?;
si pirámide andante, vete a Egito;
si peonza al revés, trae sobrescrito;
si pan de azúcar [95], en Motril te encajo;

si chapitel, ¿qué haces acá abajo?
Si de disciplinante mal contrito
eres el cucurucho y el delito,
llámente los cipreses arrendajo [96].

Si eres punzón, ¿por qué el estuche dejas?
Si cubilete, saca el testimonio;
si eres coroza, encájate en las viejas.

---

[93] *Frisón*. Se utilizaba para algo desmesuradamente grande o corpulento, en relación con un género de caballos que procedían de Frisia.
[94] *Caratulera*. Es decir, que parecía una carátula o máscara que cubría toda la cara.
[95] *Pan de azúcar*. Típico de Motril, dulce con forma piramidal también.
[96] *Arrendajo*. Persona que se parece a otra: los cipreses le acusan de parecerse a ellos.

Si büida[97] visión de San Antonio,
llámate doña Embudo con guedejas;
si mujer, da esas faldas al demonio.

PREFIERE LA HARTURA Y SOSIEGO MENDIGO A LA INQUIETUD MAGNÍFICA DE LOS PODEROSOS

Mejor me sabe en un cantón la sopa
y el tinto con la mosca y la zurrapa[98],
que al rico que se engulle todo el mapa
muchos años de vino en ancha copa.

Bendita fue de Dios la poca ropa,
que no carga los hombros y la tapa;
más quiero menos sastre que más capa:
que hay ladrones de seda, no de estopa.

Llenar, no enriquecer, quiero la tripa;
lo caro trueco a lo que bien me sepa;
somos Píramo y Tisbe[99] yo y mi pipa.

Más descansa quien mira que quien trepa;
regüeldo yo cuando el dichoso hipa[100],
él asido a fortuna, yo a la cepa.

CALVO QUE NO QUIERE ENCABELLARSE

Pelo fue aquí, en donde calavero;
calva no sólo limpia, sino hidalga;
háseme vuelto la cabeza nalga,
antes greguescos[101] pide que sombrero.

---

[97] *Buido.* Agudo, afilado.
[98] *Zurrapa.* El sedimendo sólido que queda en los líquidos.
[99] *Píramo y Tisbe.* Dos famosos amantes.
[100] *Hipar.* Gemir o sufrir con hipo, por exceso de preocupación.
[101] *Greguescos.* Calzones.

Si cual Calvino soy fuera Lutero,
contra el fuego no hay cosa que me valga,
ni vejiga o melón que tanto salga
el mes de agosto puesta al resistero.

Quiérenme convertir a cabelleras
los que en Madrid se rascan pelo ajeno,
repelando las otras calaveras.

Guedeja réquiem siempre la condeno;
gasten caparazones sus molleras,
mi comezón resbale en calvatrueno [102].

BEBE VINO PRECIOSO CON MOSQUITOS DENTRO

Tudescos [103] moscos de los sorbos finos,
caspa de las azumbres más sabrosas,
que, porque el fuego tiene mariposas,
queréis que el mosto tenga marivinos;

aves luquetes [104], átomos mezquinos,
motas borrachas, pájaras vinosas,
pelusas de los vinos invidiosas,
abejas de la miel de los tocinos,

liendres de la vendimia, yo os admito
en mi gaznate, pues tenéis por soga
al nieto de la vida, licor bendito.

---

[102] *Calvatrueno*. La calva que ocupa toda la cabeza.
[103] *tudescos,* por la afición de los germanos al vino.
[104] *Luquete* era el aderezo que se añadía al vino, por ejemplo una raja de limón.

Tomá en el trago hacia mi nuez la boga,
que, bebiéndoos a todos, me desquito
del vino que bebistes y os ahoga.

AL MOSQUITO DE LA TROMPETILLA

Ministril [105] de las roncas y picadas,
mosquito postillón, mosca barbero,
hecho me tienes el testuz harnero
y deshecha la cara a manotadas.

Trompetilla que toca a bofetadas,
que vienes con rejón contra mi cuero,
Cupido pulga [106], chinche trompetero,
que vuelas comezones amoladas [107],

¿por qué me avisas, si picarme quieres?;
que pues que das dolor a los que cantas,
de casta y condición de potras [108] eres.

Tú vuelas y tú picas y tú espantas,
y aprendes del cuidado y las mujeres
a malquistar el sueño con las mantas.

PRONUNCIA CON SUS NOMBRES LOS TRASTOS Y MISERIAS DE LA VIDA

La vida empieza en lágrimas y caca,
luego viene la *mu,* con *mama* y *coco,*
síguense las viruelas, baba y moco,
y luego llega el trompo y la matraca.

---

[105] *Ministril.* El agente o funcionario que cumplía los menesteres más inmediatos y sencillos, por ejemplo, servir la mesa.
[106] *Cupido pulga.* Porque el dios Cupido hería con flechas de oro o plomo.
[107] *Amolar* es sacar punta o afilar, pero también 'fastidiar'; los dos sentidos que deben concurrir aquí.
[108] *Potras.* Se hace referencia al viejo modismo *cantarle a uno la potra,* por 'dolerle la hernia'.

En creciendo, la amiga [109] y la sonsaca;
con ella embiste el apetito loco;
en subiendo a mancebo, todo es poco,
y después la intención peca en bellaca.

Llega a ser hombre y todo lo trabuca;
soltero sigue toda perendeca [110],
casado se convierte en mala cuca.

Viejo encanece, arrúgase y se seca;
llega la muerte y todo lo bazuca [111],
y lo que deja paga, y lo que peca.

VIEJA VERDE, COMPUESTA Y AFEITADA

Vida fiambre, cuerpo de anascote [112],
¿cuándo dirás al apetito «Tate»,
si cuando el *Parce mihi* te da mate
empiezas a mirar por el virote [113]?

Tú juntas en tu frente y tu cogote
moño y mortaja sobre seso orate;
pues, siendo ya viviente disparate,
untas la calavera en almodrote [114].

---

[109] *La amiga*. La escuela.
[110] *Perendeca*. Ramera o prostituta.
[111] *Bazuca*. 'Cambiar violentamente', literalmente es «revolver algo dentro de un recipiente moviendo el recipiente».
[112] *Anascote*. Tela delgada de lana, que utilizaban en medios rurales.
[113] *Mirar por el virote*. Atender con cuidado a lo que realmente importa.
[114] *Almodrote*. Era una salsa en cuya composición entraban muchos elementos.

Vieja roñosa, pues te llevan, vete;
no vistas el gusano de confite,
pues eres ya varilla de cohete.

Y pues hueles a cisco y alcrebite [115]
y la podre te sirve de pebete,
juega con tu pellejo al escondite.

PINTA EL «AQUÍ FUE TROYA» DE LA HERMOSURA

Rostro de blanca nieve fondo en grajo,
la tizne presumida de ser ceja,
la piel que está en un tris de ser pelleja,
la plata que se trueca ya en cascajo [116],

habla casi fregona de estropajo,
el aliño imitado a la corneja,
tez que con pringue y arrebol semeja
clavel almidonado de gargajo.

En las guedejas vuelto el oro orujo,
y ya merecedor de cola el ojo,
sin esperar más beso que el del brujo.

Dos colmillos comidos de gorgojo [117],
una boca con cámaras [118] y pujo.
A la que rosa fue vuelven abrojo.

---

[115] *Alcrebite*. Azufre.
[116] *Cascajo*. Por derivación despectiva de casco, conjunto de cosas inservibles o de poco valor.
[117] *Gorgojo*. Insecto dañino, que se reproduce rápidamente.
[118] *Cámaras*. Excrementos.

HERMOSA AFEITADA DE DEMONIO

Si vieras que con yeso blanqueaban
las albas azucenas, y a las rosas
vieras que por hacerlas más hermosas
con asquerosos pringues las untaban,

si vieras que al clavel le embadurnaban
con almagre [119] y mixturas venenosas,
diligencias sin duda tan ociosas
a indignación, dijeras, te obligaban.

Pues lo que tú mirándolo dijeras,
quiero, Belisa, que te digas cuando
jalbegas [120] en tu rostro las esferas.

Tu mayo es bote, ungüentes chorreando;
y en esa tez, que brota primaveras,
al sol estás y al cielo estercolando.

A UNA ROMA PEDIGÜEÑA, ADEMÁS

A Roma van por todo; mas vos, roma,
por todo vais a todas las regiones.
Sopa dan de narices los sayones,
no hay que aguardar, que el prendimiento asoma.

Por trasero rondaran en Sodoma
el *coram vobis* [121] vuestro y sus facciones;
por roma os aborrecen las naciones
que siguen a Lutero y a Mahoma.

---

[119] *Almagre*. Óxido de hierro.
[120] *Jalbegas*. Enjabelgar o blanquear.
[121] *Coram vobis*. La cara.

Si roma con vos la Roma fuera
que Nerón abrasó, fuera piadoso
y el sobrenombre de cruel perdiera.

El olfato tenéis dificultoso
y en cuclillas, y un tris de calavera,
y a gatas en la cara lo mocoso.

A UNO QUE SE MUDABA CADA DÍA POR GUARDAR SU MUJER

Cuando tu madre te parió cornudo,
fue tu planeta un cuerno de la luna,
de madera de cuernos fue tu cuna,
y el castillejo [122] un cuerno muy agudo;

gastaste en dijes cuernos a menudo,
la leche que mamaste era cabruna,
diote un cuerno por armas la fortuna
y un toro en el remate de tu escudo;

hecho un corral de cuernos te contemplo,
cuernos pisas con pies de cornería,
a la mañana un cuerno te saluda;

los cornudos en ti tienen un templo.
Pues, cornudo de ti, ¿dónde caminas
siguiéndote una estrella tan cornuda?

---

[122] *Castillejo*. El a modo de carrito con ruedas en que se pone a los niños para que aprendan a andar.

SONETO

Que tiene ojo de culo es evidente
y manojo de llaves tu sol rojo,
y que tiene por niña en aquel ojo
atezado[123] mojón duro y caliente.

Tendrá legañas necesariamente
la pestaña erizada como abrojo,
y guiñará con lo amarillo y flojo
todas las veces que a pujar se siente.

¿Tendrá mejor metal de voz su pedo
que el de la mal vestida mallorquina?
Ni lo quiero probar ni lo concedo.

Su mierda es mierda y su orina, orina,
sólo que ésta es verdad y esotra enredo,
y estánme encareciendo la letrina.

SONETO

La voz del ojo, que llamamos pedo
(ruiseñor de los putos), detenida,
da muerte a la salud más presumida
y el proprio Preste Juan le tiene miedo.

Muy pronunciada con el labio acedo[124]
y con pujo sonoro despedida,
con pullas y con risa da la vida,
y con puf y con asco, siendo quedo.

---

[123] *Atezado*. 'Ennegrecido.'
[124] *Acedo*. 'Rígido.'

Cágome en el blasón de los monarcas
que se precian cercados de tudescos [125]
de dar la vida y dispensar las Parcas [126],

pues en el tribunal de sus greguescos [127],
con aflojar y comprimir las arcas,
cualquier culo lo hace con dos cuescos.

A UNA VIEJA

En cuévanos [128] sin cejas y pestañas
ojos de vendimiar tenéis, agüela,
cuero de Fregenal [129], muslos de suela,
piernas y coño son toros y cañas.

Las nalgas son dos porras de espadañas,
afeitáis la caraza de chinela [130]
con diaquilón [131] y humo de la vela,
y luego dais la teta a las arañas.

No es tiempo de guardar a niños, tía,
guardad los mandamientos noramala,
no os dé San Jorge una lanzada un día.

Tumba os está mejor que estrado [132] y sala;
cecina sois en hábito de arpía,
y toda gala en vos es martingala.

---

[125] *Tudescos*. La guardia alemana del Rey.
[126] *Parcas*. Como sinónimo, muy popular, de 'muerte'.
[127] *Greguescos*. Cfr. nota 101: los calzones.
[128] *Cuévanos*. Los grandes cestos en los que se cargaba la uva.
[129] *Fregenal* de la Sierra, en Extremadura, siempre citado como lugar famoso por sus productos de cuero.
[130] *Chinela*. Calzado casero y cómodo.
[131] *Diaquilón*. Un producto farmacéutico que se empleaba para ablandar tumores.
[132] *Estrado*. Lugar, en las viviendas, a modo de recibidor o salita, en el que se recibía a las visitas.

RECETA PARA HACER SOLEDADES EN UN DÍA

Quien quisiere ser culto en sólo un día
la jeri (aprenderá) gonza siguiente:
fulgores, arrogar, joven, presiente,
candor, construye, métrica, armonía,

poco, mucho, si no, purpuracía,
neutralidad, conculca, erige, mente,
pulsa, ostenta, libar, adolescente,
señas traslada, pira, frustra, arpía,

cede, impide, cisuras, petulante,
palestra, liba, meta, argento, alterna,
si bien, disuelve, émulo, canoro.

Use mucho de *líquido* y de *errante,*
su poco de *noturno* y de *caverna,*
anden listos *livor, adunco* y *poro,*

que ya toda Castilla,
con sola esta cartilla,
se abrasa de poetas babilones
escribiendo sonetos confusiones,
y en la Mancha, pastores y gañanes,
atestadas de ajos las barrigas,
hacen ya cultedades como migas.

CONTRA D. LUIS DE GÓNGORA Y SU POESÍA

Este cíclope no siciliano
del microcosmo sí, orbe postrero,
esta antípoda faz cuyo hemisfero
zona divide en término italiano,

      este círculo vivo en todo plano,
este que, siendo solamente cero,
le multiplica y parte por entero
todo buen abaquista[133] veneciano;

      el minoculo sí, mas ciego vulto;
el resquicio barbado de melenas;
esta cima del vicio y del insulto;

      éste, en quien hoy los pedos son sirenas,
éste es el culo, en Góngora y en culto,
que un bujarrón[134] le conociera apenas.

AL MESMO D. LUIS[135]

    Socio otra vez, ¡oh tú, que desbudelas
del toraz veternoso inanidades
y en parangón de tus sideridades
equilibras tus pullas paralelas!,

    por Atropos te abjuro que te duelas
de tus vertiginosas navidades,
que se gratulan neotericidades
[y] craticulan sentas bisabuelas.

---

[133] *Abaquista.* Geómetra. Todo el poema es un juego hiperbólico de alusiones al poema mayor de Góngora. *El Polifemo,* con constantes sugerencias sexuales e insultantes. Téngase en cuenta que los italianos tenían fama, en la época, de homosexuales.

[134] *Bujarrón.* Homosexual, con palabra insultante: 'marica'.

[135] Este poema, como el siguiente, está construido con deformaciones verbales y sintácticas continuas, sin excesiva lógica, que parodian las recreaciones lingüísticas del poeta cordobés.

Merlincocaizando nos fatiscas
vorágines, triclinios, promptuarios,
trámites vacilantes icareas.

De lo ambágico y póntico troquiscas
fuliginosos vórtices y varios,
y, atento a que unificas, labrusqueas.

AL MESMO GÓNGORA

Sulquivagante pretensor de Estolo,
pues que lo expuesto al Noto solificas
y obtusas speluncas comunicas,
despecho de las musas a ti solo,

huye, no carpa, de tu Dafne Apolo
surculos slabros de teretes picas,
porque con tus perversos damnificas
los institutos de su sacro Tolo.

Has acabado aliundo su Parnaso;
adulteras la casta poesía,
ventilas bandos, niños inquïetas,

parco, cerúleo, veterano vaso;
piáculos perpetra su porfía,
estuprando neotéricos poetas.

LETRILLA SATÍRICA

Poderoso caballero
es don Dinero.

Madre, yo al oro me humillo:
él es mi amante y mi amado,
pues de puro enamorado

de contino anda amarillo;
que pues doblón o sencillo
hace todo cuanto quiero,
poderoso caballero
es don Dinero.

   Nace en las Indias honrado,
donde el mundo le acompaña;
viene a morir en España
y es en Génova enterrado [136].
Y pues quien le trae al lado
es hermoso, aunque sea fiero,
poderoso caballero
es don Dinero.

   Es galán y es como un oro,
tiene quebrado el color,
persona de gran valor,
tan cristiano como moro.
Pues que da y quita el decoro
y quebranta cualquier fuero,
poderoso caballero
es don Dinero.

   Son sus padres principales
y es de nobles descendiente,
porque en las venas de Oriente
todas las sangres son reales;
y pues es quien hace iguales
al duque y al ganadero,
poderoso caballero
es don Dinero.

---

[136] Entiéndase: se trae el oro de las minas de América («Indias»), y terminan por llevárselo los banqueros genoveses.

Mas ¿a quién no maravilla
ver en su gloria sin tasa
que es lo menos de su casa
doña Blanca de Castilla?
Pero, pues da al bajo silla
y al cobarde hace guerrero,
poderoso caballero
es don Dinero.

Sus escudos de armas nobles
son siempre tan principales,
que sin sus escudos reales
no hay escudos de armas dobles;
y pues a los mismos robles
da codicia su minero,
poderoso caballero
es don Dinero.

Por importar en los trastos
y dar tan buenos consejos,
en las casas de los viejos
gatos le guardan de gatos [137];
y pues él rompe recatos
y ablanda al juez más severo,
poderoso caballero
es don Dinero.

Y es tanta su majestad
(aunque son sus duelos hartos),
que con haberle hecho cuartos,
no pierde su autoridad;
pero, pues da calidad
al noble y al pordiosero,
poderoso caballero
es don Dinero.

---

[137] *Gatos*. La primera acepcion, 'bolsas'; en la segunda, 'ladrones'.

    Nunca vi damas ingratas
a su gusto y afición,
que a las caras de un doblón
hacen sus caras baratas,
y pues las hace bravatas
desde una bolsa de cuero,
poderoso caballero
es don Dinero.

    Más valen en cualquier tierra
(¡mirad si es harto sagaz!)
sus escudos en la paz
que rodelas [138] en la guerra.
Y pues al pobre le entierra
y hace proprio al forastero,
poderoso caballero
es don Dinero.

LETRILLA SATÍRICA

[*Chitón*]

    Santo silencio profeso:
no quiero, amigos, hablar;
pues vemos que por callar
a nadie se hizo proceso.
Ya es tiempo de tener seso:
bailen los otros al son,
        chitón.

---

[138] *Rodelas*. Escudo antiguo.

Que piquen con buen concierto
al caballo más altivo
picadores, si está vivo,
pasteleros, si está muerto;
que con hojaldre cubierto
nos den un pastel frisón[139],
   chitón.

   Que por buscar pareceres
revuelvan muy desvelados
los Bártulos[140] los letrados,
los abades sus mujeres.
Si en los estrados las vieres
que ganan más que el varón,
   chitón.

   Que trague el otro jumento
por doncella una sirena
más catada que colmena,
más probada que argumento;
que llame estrecho aposento
donde se entró de rondón,
   chitón.

   Que pretenda el maridillo,
de puro valiente y bravo,
ser en una escuadra cabo,
siendo cabo de cuchillo;
que le vendan el membrillo
que tiralle era razón,
   chitón.

---

[139] *Frisón*. Es decir, hecho con carne de caballo (cf. nota 93).
[140] *Bártulos*. Los libros de derecho.

Que duelos nunca le falten
al sastre que chupan brujas;
que le salten las agujas,
y a su mujer se las salten;
que sus dedales esmalten
un doblón y otro doblón,
chitón.

Que el letrado venga a ser
rico con su mujer bella,
más por buen parecer della,
que por su buen parecer,
y que por bien parecer
traiga barba de cabrón,
chitón.

Que tonos a sus galanes
cante Juanilla estafando,
porque ya piden cantando
las niñas, como alemanes;
que en tono, haciendo ademanes,
pidan sin ton y sin son,
chitón.

Mujer hay en el lugar
que a mil coches, por gozallos,
echará cuatro caballos [141],
que los sabe bien echar.
Yo sé quien manda salar
su coche como jamón,
chitón.

---

[141] *Echar caballos.* Provocar una enfermedad venérea.

Que pida una y otra vez,
fingiendo virgen el alma,
la tierna doncella palma,
y es dátil su doncellez;
y que lo apruebe el jüez
por la sangre de un pichón,
   chitón.

BODA Y ACOMPAÑAMIENTO DEL CAMPO

Don Repollo y doña Berza,
de una sangre y de una casta,
si no caballeros pardos,
verdes fidalgos de España,
   casáronse, y a la boda
de personas tan honradas,
que sustentan ellos solos
a lo mejor de Vizcaya.
   de los solares del campo
vino la nobleza y gala,
que no todos los solares
han de ser de la Montaña.
   Vana y hermosa a la fiesta
vino doña Calabaza,
que su merced no pudiera
ser hermosa sin ser vana.
   La lechuga, que se viste
sin aseo y con fanfarria,
presumida sin ser fea
de frescona y de bizarra.
   La Cebolla a lo vïudo
vino con sus tocas blancas
y sus entresuelos verdes,
que sin verdura no hay canas.
   Para ser dama muy dulce
vino la Lima gallarda
al principio, que no es bueno
ningun postre de las damas.

La Naranja a lo ministro
llegó muy tiesa y cerrada,
con su apariecia muy lisa
y su condición muy agria.

A lo rico y lo tramposo,
en su erizo la Castaña,
que la han de sacar la hacienda
todos por punta de lanza.

La Granada deshonesta,
a lo moza cortesana,
desembozo en la hermosura,
descaramiento en la gracia.

Doña Mostaza menuda,
muy briosa y atufada:
que toda chica persona
es gente de gran mostaza.

A lo alindado la Guinda,
muy agria cuando muchacha,
pero ya entrada en edad,
más tratable, dulce y blanda.

La Cereza a la hermosura,
recién venida, muy cara,
pero con el tiempo todos
se le atreven por barata.

Doña Alcachofa compuesta
a imitación de las flacas:
basquiñas [142] y más basquiñas,
carne poca y muchas faldas.

Don Melón, que es el retrato
de todos los que se casan:
Dios te la depare buena,
que la vista al gusto engaña.

---

[142] *Basquiñas*. Género de vestido exterior.

La Berenjena, mostrando
su calavera morada,
porque no llegó en el tiempo
del socorro de las calvas.

Don Cohombro desvaído,
largo de verde esperanza,
muy puesto en ser gentil hombre,
siendo cargado de espaldas.

Don Pepino muy picado
de amor de doña Ensalada,
gran compadre de dotores,
pensando en unas tercianas [143].

Don Durazno a lo invidioso,
mostrando agradable cara,
descubriendo con el trato
malas y duras entrañas.

Persona de muy buen gusto
don Limón, de quien espanta
lo sazonado y panzudo
que no hay discreto con panza.

De blanco, morado y verde,
corta crin y cola larga,
don Rábano pareciendo
moro de juego de cañas.

Todo fanfarrones bríos,
todo picantes bravatas
llegó el señor don Pimiento
vestidito de botarga.

Don Nabo, que viento en popa
navega con tal bonanza,
que viene a mandar el mundo
de gorrón de Salamanca.

---

[143] *Tercianas*. Enfermedad intermitente. Aquí, aludiendo a que el pepino podía caer mal y originar, como era opinión común, ese malestar.

Mas baste, por si el lector
objeciones desenvaina:
que no hay boda sin malicias
ni desposados sin tachas.

UN FIGURA[144] DE GUEDEJAS SE MOTILA EN OCASIÓN DE UNA PREMÁTICA

Con mondadientes en ristre
y jurando de «Aquí yace
perdiez», donde el salpicón
tiene por tumba el gaznate,
　don Lesmes de Calamorra
(que a las doce por las calles,
estómago aventurero,
va salpicando de hambres,
　con saliva sacamanchas
y con el color fiambre,
la nuez que a buscar mendrugos
del garguero se le sale),
　se entró en una barbería
a retraer la pelambre
de guedejas, que a sus sienes
sirvieron de guardainfante[145].
　Estábase el tal barbero
empapado en pasacalles,
aporreando la panza
de un guitarrón formidable.

---

[144] *Figura.* En la época equivalía a 'tipo curioso o extravagante', aquí por llevar el pelo muy largo («de guedejas»), lo que vino a prohibir una ordenanza («premática»).

[145] *Guardainfante.* Género de falda que las mujeres llevaban, con vuelos muy amplios, y que cubrían el contorno de la cintura hacia abajo. El pelo y las guedejas, en el texto, lo que cubren son las sienes.

Don Calamorra le dijo:
«Las tijeras desenvaine
y la sotana de greñas
a mis orejas la rape.

»Baste que con hopalandas [146]
truje una cara estudiante;
será ya por lo raído
de mi ferreruelo [147] imagen.

»Más quiero el trasquilimoche
que algún recipe de alcaldes [148],
que a premática navaja
todo testuz se arremangue.

»El rostro, perro de agua,
ya de perro chino sale;
no enseña menos ser hombres
el parecer más a frailes.

»No deje reminiscencia
en el casco de aladares [149],
trasquile de tabardillo [150]
con defensivo sin margen.

»Sacaráme de pelón,
cosa que no ha sido fácil,
y a España daré la vuelta,
luego que el gesto desfrancie [151].

»Hagan en mí lo que las bubas
en otros cabellos hacen,
sea Dalida de mi cholla [152]
y las vedijas me arranque.

---

[146] *Hopalandas.* Es también un vestido con faldón grande, muy utilizado por los estudiantes.
[147] *Ferreruelo.* Al contrario que las otras prendas citadas, era una capa corta.
[148] *Récipe de alcaldes.* Multa o castigo de la autoridad («alcaldes»), por no guardar la ordenanza («premática») que exigía que no se llevaran cabellos exageradamente largos.
[149] *Aladares.* Porción de cabello que cae sobre las sienes.
[150] *Tabardillo.* Tifus, enfermedad.
[151] *Desfrancie.* Neologismo: quite lo que tiene de apariencia francesa.
[152] *Cholla.* Cabeza.

»El pelo que se cayere,
si en la ropilla se ase,
déjele por cabellera
de la calva del estambre.»

Tomó el espejo y mirando
la melena de ambas partes,
y diciendo: «Haga su oficio»,
dijo al pelo: «Buen viaje.»

La danza de la tijera
le dio una tunda notable
y con un cuarto sellado
le pagó que le acatarre.

Salió vejiga con ojos
a sí tan desemejante,
que sus mayores amigos
no le veían con mirarle.

LOS BORRACHOS

Gobernando están el mundo
cogidos con queso añejo
en la trampa de lo caro
tres gabachos y un gallego.

Mojadas tienen las voces,
los labios tienen de hierro,
y por ser hechos de yesca,
tienen los gaznates secos.

Pierres, sentado en arpón,
el vino estaba meciendo,
que en un sudor remostado
se cierne por el cabello.

Hecho verga de ballesta,
retortijado el pescuezo,
Jaques, medio desmayado,
a vómito, estaba puesto.

Roque, los puños cerrados,
más entero y más atento,
suspirando saca el aire
por no avinagrar el cuero.

Maroto, buen español,
hecho faja el ferreruelo[153],
vueltos lágrimas los brindis
y bebido el ojo izquierdo,

con palabras rocïadas
y con el tono algo crespo,
después que toda la calle
sahumó con un regüeldo,

dijo mirando a los tres
con vinoso sentimiento:
«¿En qué ha de parar el mundo?,
¿qué fin tendrán estos tiempos?

»Lo que hoy es ración de un paje,
de un capitán era sueldo
cuando eran los hombres más
y habían menester menos.

»Cuatro mil maravedís
que le dan a un escudero
era dádiva de un rey
para rico casamiento.

»Apreciábase el ajuar
que a Jimena Gómez dieron
en menos que agora cuesta
remendar unos greguescos[154].

»Andaba entonces el Cid
más galán que Girineldos[155],
con botarga colorada
en figura de pimiento;

---

[153] *Ferreruelo*. Véase arriba, la nota 147: la capa.
[154] *Greguescos*. Cfr. las notas 101 y 127. 'Calzones.'
[155] *Girineldos*. Personaje del viejo romancero.

»y hoy, si alguno ha de vestirse,
le desnudan dos primero:
el mercader de quien compra
y el sastre que ha de coserlo.

»Ya no gastan los vestidos
las personas con traerlos:
que el inventor de otro traje
hace lo flamante viejo.

»Sin duda inventó las calzas [156]
algún diablo del infierno,
pues un cristiano atacado
ya no queda de provecho.

»¡Qué es ver tantas cuchilladas [157]
agora en un caballero,
tanta pendencia en las calzas
y tanta paz en el dueño!

»Todo se ha trocado ya,
todo al revés está vuelto:
las mujeres son soldados,
y los hombres son doncellos.

»Los mozos traen cadenitas,
las niñas toman acero [158],
que de las antiguas armas
sólo conservan los petos.

»De arrepentidos de barba
hay infinitos conventos,
donde se vuelven lampiños
por gracia de los barberos.

»No hay barba cana ninguna,
porque aun los castillos pienso
que han teñido ya las suyas
a persuasión de los viejos.

---

[156] *Calzas.* Medias largas, que se «atacaban» o ataban hacia la cintura.

[157] *Cuchilladas.* El adorno de telas y trajes, a modo de troquelados que dejaban ver el fondo o los bajos.

[158] *Tomar acero.* Para conservar una tez joven y limpia, como una de las costumbres estéticas de la época.

»Pues ¿quién sufrirá el lenguaje,
la soberbia y los enredos
de una mujer pretendida,
de estas que se dan a peso?

»Han hecho mercadería
sus favores y sus cuerpos,
introduciendo por ley
que reciban y que demos.

»¡Que si pecamos los dos
yo he de pagar al momento,
y que sólo para mí
sea interesable el infierno!

»¿Que a la mujer no le cueste
el condenarse un cabello
y que por llevarme el diablo,
me lleve lo que no tengo?

»¡Vive Dios que no es razón
y que es muy ruinmente hecho,
y se lo diré al demonio,
si me topa o si le encuentro!

»Si yo reinara ocho días,
pusiera en todo remedio
y anduvieran tras nosotros,
y nos dijeran requiebros.

»Yo conocí los maridos
gobernándose ellos mesmos,
sin sostitutos ni alcaides,
sin comisiones ni enredos;

»y agora los más maridos
(nadie bastará a entenderlos)
tienen por lugarteniente [159]
la mitad de todo el pueblo.

---

[159] *Lugarteniente*. los que ocupan el lugar que le corresponde como marido.

»No se les daba de antes
por comisiones un cuerno,
y agora por comisiones
se les dan más de quinientos.
　»Solían usarse doncellas:
cuéntanlo ansí mis agüelos,
debiéronse de gastar
por ser muy pocas por presto.
　»Bien hayan los ermitaños
que viven por esos cerros,
que si son buenos se salvan,
y si no, los queman presto;
　»y no vosotros, lacayos
de tres hidalgos hambrientos,
alguaciles de unas ancas
con la vara y el cabestro.
　»y yo, que en diez y seis años
que tengo de despensero,
aún no he podido ser Judas
y vender a mi maestro.»
　En esto Pierres, que estaba
con mareta [160] en el asiento,
dormido cayó de hocicos
y devoto besó el suelo.
　Jaques, desembarazado
el estómago y el pecho,
daba mil tiernos abrazos
a un banco y a un paramento.
　Sirviéronle de orinales
al buen Roque sus greguescos,
que no se halló bien el vino
y ansí se salió tan presto.

---

[160] *Estar con mareta*. El movimiento del oleaje.

Maroto, que vio el estrago
y el auditorio de cestos,
bostezando con temblores,
dio con su vino en el suelo.

BODA DE NEGROS

Vi, debe de haber tres días,
en las gradas de San Pedro [161]
una tenebrosa boda,
porque era toda de negros.

Parecía matrimonio
concertado en el infierno:
negro esposo y negra esposa
y negro acompañamiento.

Sospecho yo que acostados
parecerán sus dos cuerpos,
junto el uno con el otro,
algodones y tintero.

Hundíase de estornudos [162]
la calle por do volvieron,
que una boda semejante
hace dar más que un pimiento.

Iban los dos de las manos
como pudieran dos cuervos,
otros dicen como grajos,
porque a grajos van oliendo.

Con humos van de vengarse
(que siempre van de humos llenos)
de los que por afrentarlos
hacen los labios traseros.

---

[161] *San Pedro*. Una de las viejas parroquias de Madrid, todavía en pie, junto a la calle de Segovia.

[162] El estornudar al paso o a la vista de un negro era una broma corriente, por similitud con el tabaco, que se utilizaba, entre otras cosas, para eso.

Iba afeitada la novia
todo el tapetado gesto
con hollín y con carbón
y con tinta de sombreros.

Tan pobres son, que una blanca [163]
no se halla entre todos ellos;
y por tener un cornado [164]
casaron a este moreno.

Él se llamaba Tomé
y ella Francisca del Puerto,
ella esclava y él es clavo
que quiere hincársele en medio.

Llegaron al negro patio
donde está el negro aposento,
en donde la negra boda
ha de tener negro efeto.

En una caballeriza
y estaban todos inquietos,
que los abrasaban pulgas
por perrengues [165] o por perros.

A la mesa se sentaron,
donde también les pusieron
negros manteles y platos,
negra sopa y manjar negro.

Echóles la bendición
un negro veintidoseno,
con un rostro de azabache
y manos de terciopelo.

Diéronles el vino, tinto;
pan, entre mulato y prieto;
carbonada hubo, por ser
tizones los que comieron.

---

[163] *Una blanca*. Moneda de ínfimo valor en la época.
[164] *Cornado*. Moneda.
[165] *Perrengues*. Era una desviación fonética de «perros», para insultar a los negros, probablemente aludiendo a que se enfadaban con facilidad.

Hubo jetas en la mesa
y en la boca de los dueños,
y hongos por ser la boda
de hongos, según sospecho.

Trujeron muchas morcillas
y hubo algunos que de miedo
no las comieron, pensando
se comían a sí mesmos.

Cuál, por morder del mondongo,
se atarazaba algún dedo,
pues sólo diferenciaban
en la uña de lo negro.

Mas cuando llegó el tocino
hubo grandes sentimientos,
y pringados con pringadas
un rato se enternecieron.

Acabaron de comer
y entró un ministro guineo
para darles aguamanos
con un coco y un caldero.

Por toalla trujo al hombro
las bayetas [166] de un entierro,
laváronse y quedó el agua
para ensuciar todo un reino.

Negros de ellos se sentaron
sobre unos negros asientos
y en voces negras cantaron
también denegridos versos:

«Negra es la ventura
de aquel casado,
cuya novia es negra
y el dote en blanco.»

---

[166] *Las bayetas* de un entierro. Los paños negros con que se engalanaban las ceremonias del entierro.

VARIOS LINAJES DE CALVAS

«Madres, las que tenéis hijas,
ansí Dios os dé ventura,
que no se las deis a calvos
sino a gente de pelusa.

»Escarmentad en mí todas,
que me casaron a zurdas
con un capón de cabeza
desbarbado hasta la nuca.

»Antes que calvicasadas
es mejor verlas difuntas,
que un lampiño de mollera
es una vejiga lucia.

»Pues que si cincha la calva
con las melenas que anuda,
descubrirá con el viento
de trecho a trecho pechugas.

»Hay calvas sacerdotales,
y de estas calvas hay muchas,
que en figura de coronas
vuelven los maridos curas.

»Calvas jerónimas [167] hay
como las sillas de rúa:
cerco delgado y redondo,
lo demás plaza y tonsura.

»Hay calvas asentaderas,
y habían los que las usan
de traerlas con greguescos
para tapar cosa tan sucia.

»Calvillas hay vergonzantes
como descalabraduras,
pero yo llamo calvarios
a las montosas y agudas.

---

[167] Los Jerónimos eran —persiste la orden— conocidos por su riqueza.

»Hay calvatruenos también,
donde está la barahúnda
de nudos y de lazadas,
de trenzas y de costuras.

»Hay calvas de mapamundi,
que con mil líneas se cruzan
con zonas y paralelos
de carreras que las surcan.

»Hay aprendices de calvos,
que el cabello se rebujan
y por tapar el melón,
representan una furia.

»Yo he visto una calva rasa
que dándola el sol relumbra,
calavera de espejuelo,
vidriado de las tumbas.

»Marido de pie de cruz
con una muchacha rubia,
¿qué engendrará, si se casa,
sino un racimo de Judas?»

En esto, huyendo de un calvo
entró una moza de Asturias,
de las que dicen que olvidan
los cogotes en la cuna;

y a voces desesperadas,
maldiciendo su ventura,
dijo de aquesta manera,
cariharta y cejijunta:

*Calvos van los hombres, madre
calvos van;
mas ellos cabellarán.*

»Cabéllense en hora buena,
pues como del brazo ha sido
siempre la manga el vestido,
hoy del casco, aunque sea ajena,
es bien lo sea la melena
y que ande también galán.

*Calvos van los hombres, madre
calvos van;
mas ellos cabellarán.*

»¿Quién hay que pueda creello
que haya por naturaleza
heréticos de cabeza,
calvinistas de cabello?
Los que se atreven a sello,
¿a qué no se atreverán?
*Calvos van los hombres, madre
calvos van;
mas ellos cabellarán.*

»Cuando hubo españoles finos,
menos dulces y más crudos,
eran los hombres lanudos;
ya son como perros chinos.
Zamarro [168] fue Montesinos,
el Cid, Bernardo y Roldán.
*Calvos van los hombres, madre
calvos van;
mas ellos cabellarán.*

»Si a los hombres los queremos
para pelarlos acá
y pelados vienen ya,
si no hay que pelar, ¿qué haremos?
Antes morir que encalvemos:
alerta, hijas de Adán.
*Calvos van los hombres, madre
calvos van;
mas ellos cabellarán.*»

---

[168] *Zamarro.* 'Peludo', como los corderos (piel de cordero: «zamarros»).

DESCUBRE MANZANARES SECRETOS
DE LOS QUE EN ÉL SE BAÑAN

«Manzanares, Manzanares,
arroyo aprendiz de río,
platicante de Jarama,
buena pesca de maridos;

»tú que gozas, tú que ves,
en verano y en estío,
las viejas en cueros muertos,
las mozas en cueros vivos;

»ansí derretidas canas
de las chollas de los riscos,
remozándose los puertos,
den a tu flaqueza pistos,

»pues conoces mi secreto,
que me digas, como amigo,
qué género de sirenas
corta tus lazos de vidro.»

Muy hético [169] de corriente,
muy angosto y muy roído,
con dos charcos por muletas
en pie se levantó y dijo:

«Tiéneme del sol la llama
tan chupado y tan sorbido,
que se me mueren de sed
las ranas y los mosquitos.

»Yo soy el río avariento
que, en estos infiernos frito,
una gota de agua sola
para remojarme pido.

»Éstos, pues, andrajos de argua
que en las arenas mendigo,
a poder de candelillas [170]
con trabajo los orino.

---

[169] *Hético* o ético. 'Enfermo' o 'escaso' de corriente.
[170] *Candelillas.* Instrumento médico, a modo de sonda, que utilizaban los médicos en la exploración de las enfermedades urinarias.

»Hácenme de sus pecados
confesor y en este sitio
las pantorrillas malparen;
cuerpos se acusan postizos.

»Entre mentiras de corcho [171]
y embelecos de vestidos,
la mujer casi se queda
a las orillas en lío.

»¿Qué cosa es ver una dueña,
un pésame dominico [172],
responso en caramanchones [173],
medio nieve y medio cisco,

»desnudarse de un entierro
la cecina desde siglo,
y bañar de ánima en pena
un chisme con dominguillos [174]?

»Enjuagaduras de culpas
y caspa de los delitos
son mis corrientes y arenas:
yo lo sé, aunque no lo digo.

»Para muchas soy colada,
y para muchos rastillo;
vienen cornejas vestidas
y nadan después erizos.

»Mujeres que cada día
ponen con sumo artificio
su cara como su olla,
con su grasa y su tocino.

---

[171] *Mentiras de corcho*. Los chapines y otros artilugios en el calzado para aparentar mayor estatura.
[172] *Dominico*. Por su hábito, blanco o negro.
[173] *Caramanchones*. Donde se guarda todo lo viejo, desván.
[174] *Dominguillo* era el muñeco o pelele que se ponía en algún lugar —sobre todo en las fiestas con toros— para juego o mofa.

»Mancebito azul de cuello
y mulato de entresijos,
único de camisón,
lavandero de sí mismo.

»No todas nadan en carnes
las señoras que publico,
que en pescados abadejos [175]
han nadado más de cinco.

»Por saber muchas verdades
con muchas estoy malquisto:
de las lindas si las callo,
de las feas si las digo.

»Ya fuera muerto de asco,
si no diera a mis martirios
Filis de ayuda de costa
tanto cielo cristalino.

»Río de las perlas soy
si con sus dientes me río,
y Guadalquivir y Tajo,
por lo fértil y lo rico.

»Soy el mar de las sirenas
si canta dulces hechizos,
y cuando se ve en mis aguas,
soy la fuente de Narciso.

»A méritos y esperanzas
soy el Lete, y las olvida;
y en peligros y milagros
hace que parezca Nilo.

»A rayos con su mirar
al sol mesmo desafío,
y a las esferas y cielos,
a planetas y zafiros.

»Flor a flor y rosa a rosa,
si abril se precia de lindo,
de sus mejillas le espera
cuerpo a cuerpo el paraíso.

---

[175] Es decir, viéndoseles todos los huesos.

»Las desventuras que paso
son estas que he referido,
y éste el hartazgo de gloria
con que sólo me desquito.»

MATRACA DE LAS FLORES
Y LA HORTALIZA

Antiyer se dieron vaya
las flores y las legumbres
sobre «Váyanse a las ollas»,
sobre «Píntense de embuste».
  Oyendo estaban la grita
unos Cipreses lúgubres
con calzones marineros,
que hasta el tobillo los cubre;
  un Manzano muy preciado
de haber dado pesadumbre
a todo el género humano
y poblándole de cruces;
  en cuclillas un Romero,
mata de buenas costumbres,
la beata de los campos,
muy preciado de virtudes;
  una Cambronera armada,
que no hay viento que no punce,
disciplina de los aires,
de tanto punzón estuche;
  una Cornicabra triste,
árbol que sombreros cubren
y con más pullas que flores,
siempre verde donde sufren.
  Descalzábanse de risa,
oyendo lo que se arguyen
sendas plantas con juanetes:
un Roble y un Acebuche.

Una frente boquimuelle [176]
a carcajadas los hunde:
si el agua tiene asadura,
por la boca la descubre.

Por oír lo que se dicen
aun los vientos no rebullen,
y con el dedo en la boca
no hay urraca que no escuche.

Como más desvergonzado,
aunque el Cohombro lo gruñe,
la matraca empezó el Berro,
el bello del agua dulce:

«Salgan diez y salgan ciento
flores moradas y azules
y cuantas en las mejillas
las verdes coplas embuten;

»que mi flor las desafía
en ensaladas comunes,
pues andan más a mi flor
que a cuantas mayo produce.»

El Hígado de las flores,
que por tantos labios cunde,
el cardenal de los tiestos,
sangre que al verano bulle,

encarado en un Pepino,
le dijo: «Nunca madures,
Galalón [177] de la ensalada,
cizaña de las saludes,

»landre de las hortalizas;
San Roque mismo te juzgue
por verde sepulturero
y auctor de los ataúdes.»

La Berenjena, que es sana
cuando las corozas tunde

---

[176] *Boquimuelle*. Persona fácil de convencer y de engañar.
[177] *Galalón*. Como sinónimo de 'traidor'.

y en granizo de hechiceras
los pícaros la introducen.
  dijo: «Canalla olorosa
y verduleros perfumes,
embusteros de narices,
gente al estómago inútil:
  »un jigote [178] de claveles,
¿qué cristiano se le engulle?
Pues mil jazmines guisados,
¿qué caldo harán en el buche?
  »Un ramillete de Nabos
no hay flor de que no se burle,
si le acompañan con hojas
de los sándalos de Rute.»
  Respondió por los Claveles,
viendo cómo los aturden,
la Rosa, estrella del campo
que brilla encarnadas luces:
  «Chusma de los bodegones,
que no hay brodio que no esculque [179];
canalla de los guisados,
que huesos y carne suple;
  »picarones que en los caldos
mostráis villanas costumbres,
mosqueteros de las ollas
que dais al pueblo que rumie...»
  El Ajo con un regüeldo
la dijo que no le hurgue,
que armado de miga en sebo
no hay hambre que no perfume.
  Una flor que no se sabe
ni se topa, aunque se busque,
que creyéndola se traga,
y en no habiéndola se zurce.

---

[178] *Tigote*. El plato que se hace picando mucho los ingredientes y mezclándolos.
[179] *Esculque*. Literalmente, 'espíe'; es decir, que no hay comida de mala calidad («brodio») en la que no estén presentes.

aquella flor cosa y cosa
que las doncellitas pulen,
flor duende que hace rüido
y sin ser vista se hunde,

quiso hablar: mas las Acelgas,
cargadas de pesadumbres,
dijeron que se juntase
con la flor de los tahúres.

La Azucena carilarga
que en zancos verdes se sube
y dueña de los jardines,
de tocas blancas se cubre,

dijo ansí a las hopalandas [180]
que en las ollazas zabulle
el licenciado Repollo,
doctor *in utroque jure* [181]:

«Viles vecinos del caldo
que pupilajes consumen,
arboleda de los brodios
y plumajes de la mugre...»

Mas la Berza, su consorte,
que de Lampazos presume
y hortaliza es con enaguas,
mucho ruido y poco fuste;

y el Hongo que con sombrero
de verdulera se encubre,
más preciado de capelo
que el monseñor más ilustre,

con una jeta de un palmo,
hecho apodo de las ubres,
y más pliegues y más asco
que zaragüelles [182] monsiures;

---

[180] *Hopalandas*. Véase arriba, nota 146; los faldones estudiantiles.
[181] *In utroque iure*. 'En ambos derechos', era una fórmula normal en la denominación de títulos de la época.
[182] *Zaragüelles*. Calzones anchos y espaciosos.

y el Rábano, ganapán
de fuerzas indisolubles,
pues lleva la Corte en peso,
contera de pan y azumbre,
  apellidando tabernas
no hay turbión [183] que no conjuren,
y la sopa en los conventos
por parienta los acude.
  Las flores amedrentadas
en ramilletes se sumen,
gritando «¡Aquí de narices!»,
sayones y escribas mullen [184].
  Y para la batalla
que quieren darse
aperciben sus flores
tías y madres.
  Aperciben los nabos
la puntería
a las alcamadres
y güetastías [185].

REFIERE SU VIDA UN EMBUSTERO

Don Turuleque me llaman:
imagino que es adrede,
porque se zurce muy mal
el don con el Turuleque.
  Guantero fue de zancajos
mi padre en Ocaña y Yepes,
buen siervo de San Crispín
por los bojes y el tranchete [186].

---

[183] *Turbión.* Aguacero fuerte, que se presenta de improviso.
[184] *Mullen.* 'Preparan, disponen.'
[185] *Güetastías.* Quevedo, como tantas otras veces, crea neologismos rompiendo las palabras: «alca-güetas».
[186] Bojes y tranchetes. Su padre fue zapatero («guantero de zancajos»), y trabajaba la madera de boj con la cuchilla («tranchete») del oficio.

Mi madre tomaba puntos,
pero no para oponerse
a catredas, sino a medias
que las pantorrillas ciernen.

Pregoné zapato viejo
en Madrid algunos meses
y fueron bien recibidos
mi tonillo y mi falsete.

Metíme a mozo de hato
de un caracol tan solene,
que con las casas ajenas
a cuestas andaba siempre.

Di en pasapasa de bolsas
y en masicoral [187] de muebles:
alivio de caminantes
sin ser libro que entretiene.

Si como di en descapar
mancebitos diferentes,
doy en descapar las llaves,
los robos fueran mercedes.

Con estos merecimientos
me gradué de corchete [188].
¡Lo que puede la virtud,
y el aplicarse las gentes!

entréme a chisgaravís,
profesé de mequetrefe,
achaquéme nuevos padres
y levantéme parientes.

Ascendí por mis pulgares
al oficio de alcagüete.
¡Sabe Dios cuánto trabajo
pasé para merecerle!

---

[187] *Masicoral*. Prestidigitador, es decir, el que hacía desaparecer algo.
[188] *Gradué de corchete*. Me hice policía.

Con sosquines y antuviones [189]
vine a campar de valiente,
y a los pepinos y a mí
nos achacaban las muertes.

De un tajo a Matacandiles
le di modorra de *requiem*,
después que en una taberna
hubo mortandad de sedes.

Para venganzas de agravios
de quien los paga y los siente,
tuvo chirlos [190] de alquiler
en puntos de a diez y nueve.

Por los que tengo en la cara,
que unas cachondas [191] parece
a poder de cuchilladas,
concierto los que se venden.

Por hacerme formidable
el diablo, que nunca duerme,
con andar de cama en cama
y de trinquete [192] en trinquete,

en los cascos me encajó
que, para campar de sierpe,
en el Corral de la Cruz [193]
metiese bolina [194] un jueves.

Y sin qué ni para qué,
viendo un hosco de copete,
con los dos ojos de buces
le miré áspero y fuerte.

---

[189] *Sosquines y antuviones*. Golpes y empujones.
[190] *Chirlos*. La cicatriz que deja la herida, que se medía «por puntos», los que se daban para cerrar la herida.
[191] *Cachondas*. Ropa, generalmente calzas o medias largas, «acuchilladas» (cfr. nota 157), es decir, troqueladas.
[192] *Trinquete*. En lenguaje de germanías, la cama hecha con cuerdas.
[193] *Corral de la Cruz*. Uno de los teatros primitivos de Madrid, en donde se representaban las comedias.
[194] *Meter bolina*. Armar un alboroto, provocar un escándalo.

Él me dijo: «¿Qué me añusga[195]?»
Yo le dije: «¿Quién le mete?»
Asímonos de los túes,
cansados ya de los eles.

Púsele, sin ser el diablo
y sin ser su cara Puente
de Segovia, la señal
de la mano que ella tiene.

Él sacó la de Toledo
y yo la de San Clemente:
dile con la anticipada
dos resbalones de a jeme[196].

Acudieron metedores
como le vieron con pebre[197];
el patio llovió alguaciles,
ellos sobre mí cachetes.

Luego chiflaron mi vida
una manada de fuelles[198],
y entre injustos descreídos
iba en justos y en creyentes.

Diéronme casa de balde,
calzáronme los vascuences[199];
luego, jugando de mano,
me dio un repique el rebenque[200].

No son de sí los azotes
tan malos como parecen,
pues procesiones los usan
y los cantan misereres.

---

[195] *Añusga*. Equivalente al actual «¿Qué le pica?», ¿Qué mira?
[196] *A jeme*. La distancia que se mide con la mano extendida, desde el dedo pulgar al índice.
[197] *Pebre*. En lenguaje de germanías, 'colorado' por la sangre.
[198] Los soplones («fuelles») le acusaron de otros delitos («chiflaron mi vida»).
[199] *Los vascuences*. Los grillos de la prisión.
[200] Me azotaron, castigo público de la época, sacando en procesión a los reos y voceando («misereres») sus culpas.

A LA PERLA DE LA MANCEBÍA
DE LAS SOLERAS

    Antoñuela la Pelada,
el vivo colchón del sexto,
cosmógrafa que consigo
medía a estados [201] el suelo,
    la que tan interesada
eligió por juramento
(por no dar nada de gracia)
esto de «A mí, que las vendo»,
    la que en un zas de mantilla
y en un calar de sombrero
al talego más hinchado
le volvía en esqueleto,
    dejó los jaques y dijo,
por no echar por esos cerros,
que era virtud su ganancia,
pues consistía en el medio.
    Si faltaba embarcación,
a todos los marineros
la daba, porque tenía
vaso para todos ellos.
Nunca les pidió prestado
a sus tíos ni a sus deudos,
que por no torcer su brazo
a torcer daba su cuerpo.
    Sin ser Antonia cobarde,
ha dado en decir el pueblo
que tuvo mil sobresaltos
sin ser de susto ni miedo.
    Por ser tan caritativa
dicen que se va al infierno,
y que se va por lo suyo [202]
como otros van por lo ajeno.

---

[201] *estados.* Medida de la época que equivalía a la altura de una persona.
[202] *Lo suyo,* sobre todo en lenguaje festivo, servía para nombrar las partes genitales.

Es por sus pasos contados,
aunque son pasos sin cuento,
más echada que un alano,
más hojeada que un pleito,

más arrimada que un barco,
más raída que lo viejo,
más tendida que una alfombra,
más subida que los cerros,

más flaca que olla de pobre,
más desgarrada que el mesmo.
Mas por todos estos mases,
que en la Pelada es lo menos,

por ser ella tan liviana
(no me admiro del exceso),
desde su casa en la cárcel
con un soplo la metieron.

Entró saludando a todos;
mas sus saludos no entiendo,
que sólo ella en un verano
pobló el hospital de enfermos[203].

Asentáronla en el libro
y no hicieron poco en esto,
porque ésta es la vez primera
que Antoñuela tuvo asiento.

Al tomarla el escribano
confesión de lo que ha hecho,
ella niega a pies juntillas
lo que pecó a pies abiertos.

Envíanla a la galera
dándola un jubón por remo,
porque lave de los pobres
lo que ensució en otro tiempo.

---

[203] Porque les contagió alguna enfermedad venérea.

Salieron a recibirla
la Mellada y la Cabreros,
marcas [204] viejas que ellas mismas
al diablo se dan por tercios.

De no usarse la Pelada
se opiló [205], luego al momento,
que es para ella comer barro [206]
cualquier ejercicio honesto.

Envíanla a Antón Martín,
donde yace y donde creo
que purga la humana escoria
en una fragua de lienzo [207].

ALEGA UN MARIDO SUFRIDO SUS TÍTULOS EN COMPETENCIA DE OTRO

Echando verbos y nombres,
a fuer de vocabulario,
se zampó en cas de la Morra
Mojagón a puntillazos.

Chismáronle que don Lesmes,
aquel muchísimo hidalgo,
que come de sopa en sopa
y bebe de ramo en ramo [208],

después que le sucedió
un jueguecillo de manos,
cuando a Currasco, en el truco [209],
quedó a deber un sopapo,

---

[204] *Marcas.* Rameras.
[205] *Opilarse.* Dejar de tener la menstruación.
[206] *Comer barro.* Lo hacían las mujeres, como método para embellecer el cutis.
[207] Al hospital de Antón Martín iban, en efecto, los enfermos de sífilis, que se curaban con calor húmedo («fragua de lienzo»).
[208] Las tabernas se señalaban con un ramo.
[209] *Truco.* Juego de billar.

la pedía por esposa
para mejorar de trastos,
y ser atril de San Lucas,
siendo el toro de San Marcos [210],

Mojagón, hecho de hieles,
como quien era su amargo,
reventando de marido,
los halló juntos a entrambos.

El vino lleva a traspiés,
la espada lleva a trasmano;
y desbebiendo los ojos
lo que chuparon los labios,

vio en el estrado su hembra
con guardainfante [211] plenario,
de los que llaman las ingles
guarda infantes y caballos [212].

Don Lesmes, que en una silla
la estaba marideando,
al ruido se levantó
con olor de sobresalto.

Amurcóle [213] Mojagón
con jarameños mostachos;
y viene y toma, y luego hizo
una de todos los diablos.

Dio con él, de un empellón,
de buces [214] detrás de un banco.
«No chiste (la dijo a ella),
que en el chiste vengo a darlos.

»¿No ha tres años que me tratas?
¿Puedes escoger velado [215]

---

[210] Ser cornudo.
[211] *Guardainfante*. Recuérdese la nota 145.
[212] *Caballos*. Cfr. nota 141. Es una enfermedad venérea.
[213] *Amurcóle*. 'Embistióle.'
[214] *De buces*. De bruces.
[215] *Velado*. Marido.

que me iguale, aunque le busques
un siglo a moco de Rastro [216]?

»¿No cubre aqueste sombrero
todas las reses del Pardo?
¿No doy cristal a linternas?
¿No doy a cuchillos cabos?

»¿Hasme visto tener celos,
ni por sueños ni burlando?
¿Dióseme jamás un cuerno
de que se me diesen tantos?

»Las veces que es menester,
¿no tengo el sueño en la mano?
¿Hame faltado modorra
en yendo el retozo largo?

»¿No amurcan, como unos toros,
aun las liendres en mis cascos?
¿No me has visto hacer el buz [217]
porque nos hagan el gasto?

»Yo no veo lo que miro;
yo no digo lo que hablo.
¿Dicen cosa que no crea?
¿Veo bultos que no trago?

»¿Abro puerta sin toser,
y sin decir: "Yo soy c'abro"?
¿He dicho esta boca es mía,
aun siendo ajenos los platos?

»De moños de Medellín [218],
si me peino o si me rapo,
socorro abundantemente
a muchos esposos calvos.

---

[216] *A moco de Rastro.* Creado jocosamente sobre el modismo «buscar a moco de candil». Téngase en cuenta que el Rastro era el matadero.
[217] *Hacer el buz.* 'Festejar, obsequiar.'
[218] Nueva alusión a los cuernos, de los toros de este lugar extremeño.

»Sobre las leyes de Toro
se alegan mis cartapacios,
tanto con Antonio Gómez[219],
aunque en diferentes casos.

»¿Para abrir el apetito,
es mi *coram vobis*[220] barro?
Que hay maridillo que da
a los adúlteros asco.

»Pobre soy; mas todavía
tengo alguna hacienda a cargo,
y un vínculo *excomunionis,*
a falta de mayorazgos.

»Demando para mí mismo,
con reverendas[221] de Añasco,
comadre de maletones[222],
a quien anticipo el parto.

»Yo tengo, aunque no son muchos,
bienes raíces y ramos;
las viñas en las tabernas,
las vendimias en el trago;

»pocas, mas buenas alhajas;
horma para los zapatos,
bigotera de gamuza,
golilla de chicha y nabo[223].

»Arca es cosa de Noé
del diluvio que yo aguardo;
que, enjuto, me sacará
una talega de trapos.

---

[219] Antonio Gómez había comentado, en efecto, las Leyes de Toro a comienzos del siglo XVI.
[220] *Coram vobis*. Cfr. la nota 121. 'Cara.'
[221] *Reverendas*. Las letras de dimisión que se daban entre sí los prelados.
[222] *Maletones*. En germanía, 'ladrones' de los que se encerraban en cofres o maletas para robar.
[223] *De chicha y nabo*. 'De poca importancia y valor.'

»Éste es marido bonete,
pocos cuernos y de paño;
quien sabe lo que se cuerna,
es todo tela y damascos.
    »Visite sin almohadas
gente de estera de esparto:
sepa que, sin gradüarse,
no puede hablar en estrados.
    »En arras te quiero dar
dos mozuelos mejicanos,
que te cubrirán de pesos,
aunque se los hagas falsos [224].
    »Venga en volandas el cura;
habrá boda como el brazo:
váyase a casar don Lesmes
con la moza de Pilatos;
    »que no le puede faltar,
por la parte de su amo,
el dote al diablo; y, si vaca,
una barrena en los pasos.»

CARTA DE ESCARRAMÁN A LA MÉNDEZ

JÁCARA

Ya está guardado en la trena [225]
tu querido Escarramán,
que unos alfileres [226] vivos
me prendieron sin pensar.
    Andaba a caza de gangas
y grillos vine a cazar,
que en mí cantan como en haza [227]
las noches de por San Juan.

---

[224] *Hacer pesos falsos*. Modismo por 'engañar'.
[225] *Trena*. 'Cárcel.'
[226] *Alfileres*. Los corchetes o alguaciles, porque «prenden», como los alfileres, a los delincuentes.
[227] *Haza*. Porción de tierra labrada.

Entrándome en la bayuca[228],
llegándome a remojar
cierta pendencia mosquito,
que se ahogó en vino y pan,
 al trago sesenta y nueve,
que apenas dije «Allá va»,
me trujeron en volandas
por medio de la ciudad.
 Como al ánima del sastre
suelen los diablos llevar,
iba en poder de corchetes
tu desdichada jayán.
 Al momento me embolsaron
para más seguridad
en el calabozo fuerte
donde los godos[229] están.
 Hallé dentro a Cardeñoso,
hombre de buena verdad,
manco de tocar las cuerdas[230]
donde no quiso cantar.
 Remolón fue hecho cuenta
de la sarta de la mar,
porque desabrigó a cuatro
de noche en el Arenal.
 Su amiga la Coscolina
se acogió con Cañamar,
aquel que sin ser San Pedro
tiene llave universal.
 Lobrezno está en la capilla,
dicen que le colgarán
sin ser día de su santo[231],
que es muy bellaca señal.

---

[228] *Bayuca*. Taberna.
[229] *Godos*. Los que presumen descender de los godos, los nobles.
[230] No quiso confesar («cantar») cuando le aplicaron el tormento del potro («las cuerdas»), hasta dejarle manco.
[231] Broma muy común en la época, aludiendo a la costumbre hoy

que es muy bellaca señal.

    Sobre el pagar la patente
nos venimos a encontrar
yo y Perotudo el de Burgos:
acabóse la amistad.

    Hizo en mi cabeza tantos
un jarro, que fue orinal,
y yo con medio cuchillo
le trinché medio quijar.

    Supiéronlo los señores,
que se lo dijo el guardián,
gran saludador de culpas,
un fuelle de Satanás.

    Y otra mañana a las once,
víspera de San Millán,
con chilladores delante
y envaramiento detrás,

    a espaldas vueltas me dieron
el usado centenar [232],
que sobre los recibidos
son ochocientos y más.

    Fui de buen aire a caballo,
la espalda de par en par,
cara como del que prueba
cosa que le sabe mal,

    inclinada la cabeza
a monseñor cardenal,
que el rebenque sin ser papa
cría por su potestad.

---

perdida de colgarle a uno algún regalo el día de su aniversario o de su santo.

[232] La escena es la misma que se nos ha narrado otras veces: el delincuente era paseado por las calles, sometido a la vergüenza pública, montado al revés en un jumento, mientras se le azotaba y pregonaban sus delitos.

A puras pencas se han vuelto
cardo mis espaldas ya,
por eso me hago de pencas [233]
en el decir y el obrar.

Agridulce fue la mano,
hubo azote garrafal;
el asno era una tortuga,
no se podía menear.

Sólo lo que tenía bueno
ser mayor que un dromedal,
pues me vieron en Sevilla
los moros de Mostagán.

No hubo en todos los ciento
azote que echar a mal;
pero a traición me los dieron,
no me pueden agraviar.

Porque el pregón se entendiera
con voz de más claridad,
trujeron por pregonero
las sirenas de la mar.

Invíanme por diez años
(¡sabe Dios quién los verá!)
a que, dándola de palos [234],
agravie toda la mar.

Para batidor del agua
dicen que me llevarán
y a ser de tanta sardina
sacudidor y batán.

Si tienes honra, la Méndez,
si me tienes voluntad,
forzosa ocasión es ésta
en que lo puedes mostrar.

---

[233] *Me hago de pencas*. Modismo por 'no consentir en lo que se pide'.
[234] Le condenan a remar («dar de palos») en las galeras.

Contribúyeme con algo,
pues es mi necesidad
tal, que tomo del verdugo
los jubones [235] que me da;
   que tiempo vendrá, la Méndez,
que alegre te alabarás
que a Escarramán por tu causa
le añudaron el tragar.
   A la Pava del cercado,
a la Chirinos, Guzmán,
a la Zolla y a la Rocha,
a la Luisa y la Cerdán;
   a mama y a taita el viejo,
que en la guarda vuestra están,
y a toda la gurullada [236]
mis encomiendas darás.
   Fecha en Sevilla, a los ciento
de este mes que corre ya,
el menor de tus rufianes
y el mayor de los de acá.

RESPUESTA DE LA MÉNDEZ A ESCARRAMÁN

JÁCARA

   Con un menino del padre
(tu mandil y mi avantal [237])
de la cámara del golpe,
pues que su llave la trae,

---

[235] *Jubón.* Era una prenda ceñida al cuerpo, pero en lenguaje de germanías, «un jubón de azotes» era la tanda de ellos que recibía el condenado.

[236] *Gurullada.* Tropa.

[237] *Avantal.* Delantal.

recibí en letra los ciento
que recibiste, jayán,
de contado, que se vían
uno al otro al asentar.

Por matar la sed te has muerto;
más valiera, Escarramán,
por no pasar esos tragos
dejar otros de pasar.

Borrachas son las pendencias,
pues tan derechas se van
a la bayuca [238], donde hallan
besando los jarros de paz.

No hay quistión ni pesadumbre
que sepa, amigo, nadar:
todas se ahogan en vino,
todas se atascan en pan.

Si por un chirlo [239] tan sólo
ciento el verdugo te da,
en el dar ciento por uno
parecido a Dios será.

Si tantos verdugos catas,
sin duda que te querrán
las damas por verdugado [240]
y las izas [241] por rufián.

Si te han de dar más azotes
sobre los que están atrás,
estarán unos sobre otros
o se habrán de hacer allá.

Llevar buenos pies de albarda
no tienes que exagerar,
que es más de muy azotado
que de jinete y galán.

---

[238] *Bayuca*. Cfr. antes nota 228. Taberna.
[239] *Chirlo*. 'Señal que deja la herida', cfr. nota 190.
[240] *Verdugado*. La ropa interior que llevaban la mujer, para ahuecar la externa.
[241] *Izas*. Rameras.

Por buen supuesto te tienen,
pues te envían a bogar;
ropa y plaza tienes cierta
y a subir empezarás.

Quéjaste de ser forzado,
no pudiera decir más
Lucrecia del rey Tarquino
que tú de su Majestad.

Esto de ser galeote
solamente es empezar,
que luego tras remo y pito
las manos te comerás.

Dices que te contribuya
y es mi desventura tal,
que si no te doy consejos
yo no tengo que te dar.

Los hombres por las mujeres
se truecan ya taz a taz [242]
y si les dan algo encima,
no es moneda lo que dan.

No da nadie sino a censo [243]
y todas queremos más
para galán un pagano,
que un cristiano sin pagar.

A la sombra de un corchete
vivo en aqueste lugar,
que es para los delincuentes
árbol que puede asombrar.

De las cosas que me escribes
he sentido algún pesar,
que le tengo a Cardeñoso
entrañable voluntad.

---

[242] *Taz a taz*. Cuando se cambia una cosa por otra sin añadir ni quitar precio alguno.

[243] *A censo*. Modalidad de imposición monetaria en la época, que genera ganancias.

¡Miren qué huevos le daba
el asistente a tragar
para que cantara tiples,
sino agua, cuerda y cendal!

Que Remolón fuese cuenta
heme holgado en mi verdad,
pues por aquese camino
hombre de cuenta será.

Aquí derrotaron juntos
Coscolina y Cañamar,
en cueros por su pecado,
como Eva con Adán.

Pasáronlo honradamente
en este honrado lugar,
y no siendo picadores
vivieron, pues, de hacer mal.

Espaldas le hizo el verdugo,
mas debióse de cansar,
pues habrá como ocho días
que se las deshizo ya.

Y muriera como Judas,
pero anduvo tan sagaz,
que negó sin ser San Pedro
tener llave universal.

Perdone Dios a Lobrezno
por su infinita bondad,
que ha dejado sin amparo
y muchacha a la Luján.

Después que supo la nueva,
nadie la ha visto pecar
en público, que de pena
va de zaguán en zaguán.

De nuevo no se me ofrece
cosa de que te avisar,
que la muerte de Valgarra
ya es añeja por allá.

Cespedosa es ermitaño
una legua de Alcalá;
buen disciplinante ha sido,
buen penitente será.
　　　Baldorro es mozo de sillas
y lacayo Matorral,
que Dios por este camino
los ha querido llamar.
　　　Montúfar se ha entrado a puto
con un mulato rapaz,
que por lucir más que todos
se deja el pobre quemar [244].
　　　Murió en la ene de palo [245]
con buen ánimo un gañán
y el jinete de gaznates [246]
lo hizo con él muy mal.
　　　Tiénenos muy lastimadas
la justicia, sin pensar
que se hizo en nuestra madre,
la vieja del arrabal,
　　　pues sin respetar las tocas,
ni las canas, ni la edad,
a fuerza de cardenales
ya la hicieron obispar [247].
　　　Tras ella de su motivo
se salían del hogar
las ollas con sus legumbres,
¡no se vio en el mundo tal!,

---

[244] La hoguera era el castigo para el pecado «nefando» de la homosexualidad.

[245] *La ene de palo*. La horca.

[246] *Jiznete de gaznates*. El verdugo se encaramaba —a veces— al ahorcado, para que muriera rápidamente sin sufrir.

[247] *Obispar*. Fue con la mitra, parecida a la de los obispos, que llevaban las castigadas por brujas, por las calles, al someterlas a la vergüenza pública. La gente les arrojaba hortalizas, frutos y desperdicios a su paso.

pues cogió más berenjenas
en una hora sin sembrar,
que un hortelano morisco
en todo un año cabal.

   Esta cuaresma pasada
se convirtió la Tomás
en el sermón de los peces,
siendo el pecado carnal.

   Convirtióse a puros gritos,
túvosele a liviandad,
por no ser de los famosos,
sino un pobre sacristán.

   No aguardó que la sacase
calavera o cosa tal,
que se convirtió de miedo
al primero Satanás.

   No hay otra cosa de nuevo,
que en el vestir y el calzar
caduce ropa me visto
y saya de mucha edad.

   Acabado el decenario
adonde agora te vas,
tuya seré, que tullida
ya no me puedo mudar.

   Si acaso quisieres algo
o se te ofreciere acá,
mándame, pues de bubosa
yo no me puedo mandar.

   Aunque no de Calatrava,
de Alcántara ni San Juan,
te envían sus encomiendas
de Téllez, Caravajal,

   la Collantes valerosa,
la golondrina Pascual,
la Enrique Maldegollada,
la Palomita torcaz.

Fecha en Toledo la rica,
dentro del pobre hospital,
donde trabajos de entrambos
empiezo agora a sudar [248].

VILLAGRÁN REFIERE SUCESOS SUYOS Y DE CARDONCHA

JÁCARA

Mancebitos de la carda [249],
los que vivís de la hoja [250],
como gusanos de seda
tejiendo la cárcel propria,
   cuya azumbre es la colada,
cuya camisa, tizona;
Rodriguitos de Vivar
por conejos no por obras;
   jayanes de arredro vayas,
cuya sed a todas horas
se calza de vino añejo
sin ir de camino botas;
   paladines de la heria [251],
aventureros de trongas [252],
que sin ser margen de libro
andáis cargados de cotas;
   maullones de faldriqueras [253],
cuyos ratones son bolsas,
si el zape aquí del verdugo
no os va cantando la solfa;

---

[248] *Sudar.* Está curándose la sífilis.
[249] La *gente de la carda,* los cardadores, eran tenidos por rufianes y pícaros.
[250] *De la hoja* de la espada, es decir, los valentones.
[251] *Heria.* Con la pronunciación aspirada de la h, como lo hacían rufianes y pícaros.
[252] *Trongas.* La mujer del chulo.
[253] *Faldriqueras.* 'Bolsillos.'

matadores como triunfos,
gente de la vida hosca,
más pendencieros que suegras,
más habladores que monjas;

murciélagos de la garra,
avechuchos de la sombra,
pasteles en recoger
por todo el reino la mosca:

escuchad las aventuras
de Villagrán y Cardoncha;
él en Sevilla, yo preso
en la venta de la horca.

En casa de los pecados
contra mi gusto me alojan
los corchetes que me prenden,
los cañutos que me soplan [254].

Con las cuerdas de Vizcaya [255]
mi cítara suena ronca,
son ruiseñores del diablo
los grillos que me aprisionan.

Tiéneme aquí la morena
Antoñuela Jerigonza,
más linda que mil ducados
y más bella que cien flotas.

Atollada tengo el alma
de su trenzado en las roscas
y ella me tiene sumido
su talle en el alma propria.

Cuando yo quiero reñir
con sesenta mil personas,
a sus ojos echo mano,
que son de Juan de la Orta.

---

[254] Recuérdese lo de «dar un soplo»; y cfr. nota 198.
[255] *Las cuerdas* de Vizcaya son de hierro, claro, es decir, los grillos.

Para matar, con mirarla
muertes y heridas me sobran,
y de rayos como nube
me da munición su cofia.

De perlas y de rubíes
tengo un tesoro en su boca,
y con la plata del cuello
daré al Potosí limosna.
Yo vivo de que la miro,
pues no hay manjar que no coma
en la leche de sus manos
y en lo tierno de sus lonjas.

No consiento que la atisbe
el sol de la cara roja,
caliente a los que se espulgan,
váyase a enjugar la ropa.

Condenado estoy a muerte
desde que miré su forma,
donde yo, un fénix [256] moreno,
quiero morir mariposa.

Acomúlanme jeridas
y algunas caras con hondas,
dos resistencias del «Sepan»
y del árbol seco otras.

Dos a dos y tres a tres,
hechos juego de la morra [257],
por Jerigonza reñimos
en la Puente de Segovia.

Tienen la tirria conmigo
los confesores de historias;
mas sólo la Iglesia me llamo
pueden hacer que responda.

---

[256] *Fénix*. Cfr. notas 41 y 85.
[257] *Juego de la morra*. Adivinanza del número total de los dedos que muestran, al tiempo que dicen un número, dos jugadores.

Vino a visitarme ayer
Maruja de las Vitorias,
por quien Cardoncha en España
todos los jaques asombra.

Un mayo vino en zapatos
y primavera llorosa,
ramillete de portante
y manojito de novias.

Es diluvio de sus penas,
porque ausente no le goza
y por él enternecida
de noche a cántaros llora.

Hecha de lágrimas fuente
su fuego y sus luces moja,
y es lástima que su dueño
deje perder tanto aljófar.

Sospecha que algunas izas [258]
de las que en Sevilla bogan
se le usurpan y sonsacan
como aleves y traidoras.

Yo no lo puedo creer,
pero si alguna pelota
que agora tuerce soplillo,
convertida de buscona,

ha cometido tal yerro
contra una fe tan heroica,
los dos la desafiamos,
retándola por la toca;

ella a greña y a chapín [259]
yo a bocados y a manopla;
porque su amigo es mi amigo,
ella su amiga y su gloria.

Y si es mujer de encarama
con resabios de señora,

---

[258] *Izas*. Rameras.
[259] *Chapín*. Zapato.

    la reto la media dueña
y al escudero Cachondas.
   Avizorad las linternas,
que en pendencias amorosas
los chismes y soplones
merecen ejecutoria.
   Decí a Cardoncha que venga
en zapatos por la posta;
que la iza le merece
aun el volar por lisonja.
   Ayer salió la Verenda
obispada de coroza [260]
por tejedora de gentes
y por enflautar personas.
   A Miguelillo le dieron
una dádiva de ronchas,
cantándole el villancico
de «Quien tal hace» con sorna.
   Maguzo por un araño
los diez sin sueldo retoca,
bogas dicen que apalea
y pensaba pescar bogas
   A la Monda la raparon
una mirla [261] por tomona,
y pues monda faldriqueras,
no es nísperos lo que monda.
   A Grullo dieron tormento,
y en el de verdad de soga
dijo nones, que es defensa
en los potros y en las bodas.
   Del cardo de Fregenal [262]
mucha penca se pregona
y le gastan las espaldas
más que ensaladas y ollas.

---

[260] Con la coroza de las brujas (cfr. nota 247).
[261] *Mirla*. En lenguaje de germanías, 'oreja'.
[262] *Fregenal*. Cfr. nota 129.

De azotes y de galeras
muy fértil el año asoma
y al dinero le amenaza
gran cantidad de langostas.
　　Yo, por salir de la sala,
me zaparé en una alcoba,
acuérdense allá de mí,
si alguna oración les sobra.

RELACIÓN QUE HACE UN JAQUE
DE SÍ Y DE OTROS

JÁCARA

Zampuzado [263] en un banasto
me tiene su majestad
en un callejón Noruega,
aprendiendo a gavilán.
　　Gradüado de tinieblas
pienso que me sacarán
para ser noche de hibierno,
o en culto algún madrigal.
　　Yo que fui norte de guros [264]
enseñando a navegar
a las godeñas [265] en ansias,
a los buzos en afán,
　　enmoheciendo mi vida
vivo en esta oscuridad,
monje de zaquizamíes [266],
ermitaño de un desván.

---

[263] *Zampuzarse* es 'meterse de golpe en algún lugar'.
[264] *Guros*. En germanía 'policías'.
[265] *Godeñas*. Deformación de «godos», los nobles o ricos en la cárcel, cuando sufren el tormento («ansias»).
[266] *Zaquimazíes*. Cuartucho.

Un abanico de culpas
fue principio de mi mal,
un letrado de lo caro,
grullo de la puridad.

Dios perdone al padre Esquerra,
pues fue su paternidad
mi sueño más de seis años
en la cuexca [267] de Alcalá,

en el mesón de la ofensa,
en el palacio mortal,
en la casa de más cuartos
de toda la cristiandad.

Allí me lloró la Guanta,
cuando por la Salazar
desporqueroné dos almas
camino de Brañigal.

Por la Quijano, doncella
de perversa honestidad,
nos mojamos yo y Vicioso
sin metedores de paz.

En Sevilla el árbol seco
me prendió en el arenal,
porque le afufé [268] la vida
al zaino de Santo Horcaz.

El zapatero de culpas
luego me mandó calzar
botinicos vizcaínos,
martillado el cordobán.

Todo cañón, todo guro,
todo mandil y jayán,
y toda iza con greña,
y cuantos saben fuñar [269],

---

[267] *Cuexca*. 'Casa.'
[268] *Afufé*. Le hice huir, le quité.
[269] *Fuñar,* en germanías, 'armar pendencias y alborotos'.

me lloraron soga a soga
con inmensa propriedad
porque llorar hilo a hilo
es muy delgado llorar.

Porque me metí una noche
a Pascua de Navidad
y libré todos los presos,
me mandaron cercenar.

Dos veces me han condenado
los señores a trinchar,
y la una el maestresala
tuvo aprestado sitial.

Los diez años de mi vida
los he vivido hacia atrás
con más grillos que el verano,
cadenas que El Escurial.

Más alcaides he tenido
que el castillo de Milán;
más guardas que monumento,
más hierros que el Alcorán [270],

más sentencias que el Derecho,
más causas que el no pagar,
más autos que el día del Corpus,
más registros que el misal,

más enemigos que el agua,
más corchetes que un gabán,
más soplos que lo caliente,
más plumas que el tornear.

Bien se puede hallar persona
más jarifa [271] y más galán,
empero más bien prendida
yo dudo que se hallará.

Todo este mundo es prisiones,
todo es cárcel y penar,
los dineros están presos
en la bolsa donde están,

---

[270] *Hierros*. Y también, en este caso, «yerros».
[271] *Jarifa*. 'Gallarda.'

la cuba es cárcel del vino,
la trox es cárcel del pan,
la cáscara de las frutas,
y la espina del rosal;
   las cercas y las murallas
cárcel son de la ciudad;
el cuerpo es cárcel del'alma,
y de la tierra la mar;
   del mar es cárcel la orilla,
y en el orden que hoy están,
es un cielo de otro cielo
una cárcel de cristal;
   del aire es cárcel el fuelle,
y del fuego el pedernal;
preso está el oro en la mina,
preso el diamante en Ceilán;
   en la hermosura y donaire
presa está la libertad;
en la vergüenza los gustos,
todo el valor en la paz.
   Pues si todos están presos,
sobre mi mucha lealtad
llueva cárceles mi cielo
diez años sin escampar.
   Lloverlas puede si quiere,
con el peine y con mirar,
y hacerme en su Peralvillo
aljaba de la Hermandad [272].
   Mas, volviendo a los amigos,
todos barridos están:
los más se fueron en uvas
y los menos en agraz.

---

[272] Peralvillo era un lugar donde la Santa Hermandad —una especie de policía rural— ejecutaba a los malhechores acribillándoles a flechas.

Murió en Nápoles Zamora,
ahíto de pelear;
lloró a cántaros su muerte
Eugenia la Escarramán.

Al Limosnero, Azaguirre
le desjarretó el tragar,
con el Limosnero pienso
que se descuidó San Blas.

Mató a Francisco Jiménez
con una aguja un rapaz,
y murió muerte de sastre
sin tijeras ni dedal.

Después que el padre Perea
acarició a Satanás
con el alma del corchete
vaciada a lo catalán,

a Roma se fue por todo,
en donde la enfermedad
le ajustició en una cama,
ahorrando de procesar.

Dios tenga en su santa gloria
a Bartolomé Román,
que aun con Dios, si no lo tiene,
pienso que no querrá estar.

Con la grande polvareda
perdimos a don Beltrán,
y porque paró en Galicia,
se teme que paró en mal.

Xeldre está en Torre Bermeja,
mal aposentado está,
que torre de tan mal pelo
a Judas [273] puede guardar.

Ciento por ciento llevaron
los inocentes de Orgaz,

---

[273] Porque, se pensaba, Judas era pelirrojo, color, por otro lado, que degradaba a quien lo tenía.

peonzas que a puro azote
hizo el bederre [274] bailar.

　Por pedigüeño en caminos,
el que llamándose Juan
de noche para las capas
se confirmaba en Tomás,

　hecho nadador de penca,
desnudo fue la mitad
tocándole pasacalles
el músico de *Quien tal.*

　Sólo vos habéis quedado,
¡oh Cardoncha singular!,
roído del *Sepan cuantos*
y mascado del varal.

　Vos, Bernardo entre franceses,
y entre españoles Roldán,
cuya espada es un Galeno
y una botica la faz,

　pujamiento de garnachas
pienso que os ha de acabar,
si el avizor y el calcorro [275]
algún remedio no dan.

　A Micaela de Castro
favoreced y amparad,
que se come de gabachos
y no se sabe espulgar.

　A las hembras de la caja,
si con la expulsión fatal
la desventurada Corte
no ha acabado de enviudar,

　podéis dar mis encomiendas,
que al fin es cosa de dar;
besamanos a las niñas,
saludes a las de edad.

---

[274] *Bederre.* 'Verdugo' en germanía.
[275] *Calcorro.* En germanías, 'zapato'.

En Vélez, a dos de marzo,
que, por los putos de allá,
no quiere volver las ancas
y no me parece mal.

JACARANDINA

Estábase el padre Ezquerra
en la cuexca de Alcalá,
criando como buen padre
las hijas de Satanás.
 Allí estaba la Garulla,
la Gangosa y la Peral,
la Plaga y otras señoras
de hedionda honestidad;
 Culillos la desmirlada [276]
acababa de llegar,
la que pasó por verruga
un encordio en Alcaraz.
 Güera y gafa y sin gallillo [277],
a fundar enfermedad,
vino de Ocaña la Miza
y puso tienda del mal;
 la Chillona, que introdujo
los dácalas y el jurar
y la primera que en Burgos
puso la gatesca a real;
 Ginesa, culo de hierro,
la que enseñó a pregonar
a diez y seis, y rapado
el gusto, en el Arenal;

---

[276] La desorejada —castigo a los delincuentes.
[277] Tres signos de haber padecido enfermedad venérea y lepra («gafa»).

       con nalgas atarantadas
la Berrenda de Roldán
pasó plaza de alquitara
y destilaba el lugar.
   Dice que es lo suyo [278] a gritos
la coche Caravajal,
por lo chiquito el rey moro,
por lo estrecho Gibraltar.
   Todas estaban en celo
avijonando un patán,
que en una mano las braga
lleva y en otra el caudal.
   Una le enseña las piernas,
otra cierne el delantar;
aquí le sacan la lengua,
allí del ojo le dan.
   La Plaga, como impedida,
no pudiendo zarandar,
con un tonillo achacoso,
cantó las barbas de Adán.
   Los relinchos de la porra
responden a su cantar,
que tiene muy supitañas
las chorretadas y el zas.
   A la Plaga se encamina
llevado del ademán,
mujer que peló una calle
con un suspiro no más.
   Volcóla en el trincadero
con furor paternidad,
descubriéndola el bostezo
que nos sorbe el orinal.
   Mostraba aquel personaje
por melena de alemán
de zurriagazos de pijas
desportillado el mear.

---

[278] Cfr. nota 202.

Hocicadas de derechos
miró por todo su faz
y un pendejo jacerino,
por ser pendejo de armar.

Sobre ella se echó de buces,
que por su furia infernal
se le saltaron los sesos
en los pelos del zaguán.

A cántaros descargaba
a la puerta sin entrar,
gotas que tuvo achocadas
desde esotra navidad.

Ella que vio la presteza
y vómitos que le dan,
embadurnada y no harta
dijo, limpiándo el lagar:

«Cámaras [279] tenéis, el payo,
en el miembro genital,
estampija, no estangurria,
os lleva el gusto en agraz.

»Esperma lluvia os aviso
que es bellaca enfermedad,
porque un züardo estreñido
menos vierte y dura más.

»Porra que lo hace con pujo
gusto y dinero nos da,
que la que descarga chirle
moja el pecado mortal.»

Diéronse sendos limpiones
con andrajo de Ruán [280];
y ella cobra por entero,
aunque él pecó la mitad.

---

[279] Cámaras. Cfr. la nota 118.
[280] Ruán. Un género de tela.

Sobre un cuarto navarrisco
y en cuartillo por sellar
hubo araños y empellones
y amenazas de rufián.

A los gritos salió el padre
con ropa de levantar,
apurando una tajada
con dos mendrugos de pan.

Las niñas de la gotera
en asomando la faz
encaramaron las uñas,
empinaron el chillar.

Engarrafóle el sombrero
Culillos la de Roldán;
dos tiran de la pretina,
otra le arranca un puñal.

Las bofetadas andaban
donde las toman las dan,
los araños paga en coces,
que allí no se mete paz.

La Plaga le hizo presa
en el nones de empreñar;
dos dedos se vio de tiple
y a pique de Florián.

«Parecemos caldereros
(dijo su paternidad
llena la voz de migajas
viendo revuelto el zaguán).

»Restitúyanle lo suyo,
trátese toda verdad,
vuélvanle los compañones
y el engendrador pulgar.»
Soltó la Plaga al instante
la herramienta del pecar,
en tortilla el cosquilloso,
en oblea lo demás.

Él por el postigo afuera
salió como un gavilán,
diciendo: «¡Qué caro vende
el infierno Satanás!»

LOS BORRACHOS

BAILE

Echando chispas de vino
y con la sed borrascosa,
lanzando en ojos de Yepes [281]
llamas del tinto de Coca,
 salen de blanco de Toro,
hechos reto de Zamora,
ceñidas de Sahagún
las cubas que no las hojas,
 Mondoñedo el de Jerez,
tras Ganchoso el de Carmona,
de su majestad de Baco
gentileshombres de boca:
 los soldados más valientes,
que en esta edad enarbolan
en las almenas del brindis
las banderas de las copas.
 A meterles en paz salen
la Escobara y Salmerona,
fénix del gusto la una,
cisne del placer la otra:
 dos mozas de carne y güeso,
no de las de nieve y rosa,
que gastan a los poetas
el caudal de las auroras.

---

[281] *Yepes*, Coca, etc. Se van a nombrar lugares famosos por sus vinos.

«Haya paz en las espadas
(dicen), pues guerra nos sobra
en las plumas de escribanos,
malas aves españolas.»

De la campaña los sacan,
de donde se van agora
a enterrar en la taberna
más cuerpos que en la perroquia.

Envainan y en una ermita
beben ya amigos con sorna
su pendencia hecha mosquitos,
aquí paz y después gorja[282].

Más vino han despabilado
que en este lugar la ronda,
que un mortuorio en Vizcaya
y que en Ambers una boda.

Tan gran piloto es cualquiera
que por su canal angosta
al galeón San Martín
cada mañana le emboca.

Siendo borrachos de asiento
andan ya de sopa en sopa,
con la sed tan de camino,
que no se quitan las botas.

Vino y valentía
todo emborracha,
más me atengo a las copas
que a las espaldas.

Todo es de lo caro,
si riño o bebo,
o con cirujanos
o taberneros.

---

[282] *Gorja.* 'Alegría, fiesta.'

Sumideros del vino
temed sus tretas,
que apuntando a las tripas
da en la cabeza.

Ya los prende la Justicia,
que en Sevilla es chica y poca,
donde firman la sentencia
al semblante de la bolsa.
　Sajóles el escribano
de plata algunas ventosas,
con que bajó luego al remo
el pujamiento de soga.
　Ya los llevan y las fembras
van siguiendo sus derrotas,
cantando por el camino
por divertir la memoria:

Cuatro erres esperan
al bien de mi vida
en llegando a la mar:
ropa fuera, rasura,
reñir y remar.
　Llegan al salado charco,
en donde los vientos dan
a las nubes, con las olas,
cintarazos de cristal.
　Ya los hacen eslabones
de la cadena real,
que son las más necesarias
joyas de su majestad.
　Van embarcando a la gente
y con forzosa humildad
a su cómitre obedecen,
que así diciéndoles va:
Ropa fuera, rasura,
reñir y remar.

LOS VALIENTES Y TOMAJONAS

BAILE

Todo se lo muque [283] el tiempo,
los años todo lo mascan,
poco duran los valientes,
mucho el verdugo los gasta.

Son nuestras vidas un soplo;
hácennos grande ventaja
las vidas de los corchetes,
que de cien mil soplos pasan.

Vimos a Diego García,
cernícalo de uñas blancas,
soplavivo y soplamuerto,
árbol seco de la guanta [284];

alguacil que de ratones
pudo limpiar toda España,
cañuto disimulado
y ventecito con barbas.

Reinando en Andalucía
Butrón el de Salamanca,
so el poder de la Villodres,
floreció el buen Marco Ocaña.

Más hombres asió que el vino;
más corrió que las matracas;
más robó que la hermosura;
más pidió que las demandas.

Fueron galgos del verdugo,
que le trujeron la caza,
Móstoles el de Toledo,
Obregón el de Granada.

---

[283] *Muque*. En germanía, 'come'.
[284] *Árbol seco* ('alguacil') de la guanta ('mancebía').

Carrascosa, en Alcalá,
era duende de la manfla[285];
hombre que a un sello en el golpe
le quiso quitar las armas.
 En Sevilla, Gambalúa
fue corchete de la fama,
ventalle de las audiencias,
fuelle de todas las fraguas.
 Con la muerte de estos vientos,
el mundo se quedó en calma;
mas toda pluma es ventosa
y todo alguacil la saja.
 ¡Quién vio a Gonzalo Jeñiz,
a Gayoso y a Ahumada,
hendedores de personas
y pautadores de caras;
 al Garcés, en la hermosura,
Olmedo el de Calatrava,
en el pescuezo de un remo
estirándose las palmas;
 en Zaragoza la bella,
a Martín de Santa Engracia,
que hizo los gigantones
con el verdugo en la plaza!
 ¡Quién vio a Perico de Soria,
sastre de vidas humanas,
matar con un agujón
más hombres que el beber agua!
 Después, en cabo de Palos,
dio èl pobrete con su barca,
y hecho racimo con pies,
se meció de mala gana.
 Siguióle Lucas de Burgos,
y su hembra la Chicharra
de pena vendió mondongo
un año en la Jamardana.

---

[285] *Manfal.* 'Burdel.'

El Tonelero acabó,
y el Afanador de Cabra
de un sonecillo de suela
repicado en las espaldas.

De un torniscón de una losa,
Pantoja, flor de la altana [286],
murió: lloráronle todos
los que navegan en ansias [287].

En Valladolid la rica,
campó mucho tiempo Malla,
y su Verenda gozó
el reino de las gitanas.

Mandáronle encordelar
los señores la garganta,
y oliendo las entrepiernas
al verdugo, perdió el habla.

De enfermedad de cordel,
aquel blasón de la espada,
Pero Vázquez de Escamilla,
murió cercado de guardas.

Fue respetado en Toledo
Francisco López Labada,
valiente de hurgón [288] y tajos,
sin ángulos ni Carranza [289].

Pasaron estos jayanes,
y los que siguen su manga [290],
por ellos, con vino tinto,
enlutada sed arrastran,

---

[286] *Flor de la altana.* 'Flor de la iglesia' en la que se acogían cuando los perseguía la justicia.
[287] *Ansias.* Cfr. la nota 265, es el tormento que se daba a los delincuentes, para que confesaran.
[288] *Hurgón.* 'Estocada'.
[289] *Carranza.* Autor de un tratado de esgrima.
[290] *Su manga.* 'Su partido.'

y entre lágrimas dormidas
por sus cuerpos y sus almas,
hacen el cabo de tragos,
y el túmulo, de las tazas.

Veis aquí a *Escarramán*,
gotoso y lleno de canas,
con sus nietos y biznietos,
y su descendencia larga.

Del primero matrimonio
casó con la *Zarabanda*,
tuvo al *¡Ay!, ¡ay!, ¡ay!* enfermo,
y a *Ejecutor de la vara*.
Éste, andando algunos días
en la *Chacona* mulata,
tuvo a todo el *Rastro viejo*
y a los de la *Vida airada*.
El *Rastro viejo* casó
con la *Pironda*, muchacha
de quien nació *Juan Redondo*,
el de la rucia y la parda.

Juan Redondo fue soltero;
tuvo una hija bastarda,
que llaman la *Vaquería*,
mujer de buena ganancia.

Por ella de *Escarramán*
tienen por hembra la casa
las *Valientes y Santurde*
en el baile de las *Armas*.

Hecho está tierra el buen viejo,
y, con todo, no se hallan
sin sus bailes los tablados,
sin sus coplas las guitarras.

Y para que no se acabe
su familia ni su casta,
y porque los gustos tengan
rumbo y fiesta, baile y chanza,

en la ciudad de Toledo,
donde los hidalgos son,
nacido nos ha un bailito,
nacido nos ha un bailón.

Chiquitico era de cuerpo
y grande en el corazón;
astilla de otros valientes;
chispa de toro furor.

Mató a su padre y su madre,
y un hermanito el mayor;
dos hermanas que tenía
puso al oficio trotón.

Una puso en la taberna
para todo sorbedor;
la otra, por más hermosa,
llevó a ganar al Cairón.

La niña, como novata,
no sabe navegar, no;
y el rufián, como es astuto,
dábale aquesta lición:

«Yo soy el rufián Tasquillos,
el rufián Mendrugo soy;
todo valiente barbado
oiga a lampiño dotor.

»Valiente que por su pie,
teniendo ya treinta y dos,
se fueron, como a la pila,
a lo penoso y rigor,

»son valientes convertidos:
sólo soy valiente yo,
que en el vientre de mi madre
ascuras tuve cuistión.

»En el nombre de Maladros,
nuestro padre fundador,
sea, niñas, el daca y daca
tema de vuestro sermón.

»"¡Vive el dador!", dicen todos
desde que el mundo nació;
mas "el prometedor vive"
no lo ha dicho humana voz.

»De oficiales y tenderos,
y de todo cosedor,
todo dinero es dinero;
no tiene casta el doblón.

»El dinero del judío
y el dinero del señor,
todos prueban de la bolsa;
todos de un linaje son.

»Moneda que no se toma
es la moneda peor:
poco dinero, es dinero;
un real con otro, son dos.

»Para ser mujer de prendas,
toma prendas de valor,
vida, y ásete a las ramas:
que prendas dineros son.

»No haya almuerzo ni merienda,
comida ni colación,
pues por desquitarla el dueño
come más que un cavador.

»Cajeros de ginoveses
regalado peje son;
esponjas para sus amos,
que, apretadas, dan licor.

»Vejecito escribanía,
pues que, bien mirado al sol,
es tinta y papel su barba
de la pluma que guardó.

»Mancebito perniborra,
dulcísimo paseador,
conjúrale como a peste
y échale en otra región.

»Caballero linajudo,
desabrigado amador
que paga en genealogías,
métase a coronicón.

»Donosos y bien hablados,
todo cuerpo bailador,
gaste con otro las gracias
y contigo el talegón.

»Señoría, si es Venecia
o Génova, buenas son:
que hay señorías caninas
y título labrador.

»No titularás en vano,
es mandamiento mayor:
más vale doblón picaño
que príncipe sin doblón.»

OTRAS

«Porque veas que sabemos
de memoria la lición,
toca, que cuanto tocares
será la dotrina de hoy.»

Gusto y valentía,
dinero y juego
tiene la que no admite
prometimientos.

Dígalo *Rastrojo*,
que, de prudente,
de contado paga
lo que le quieren.

Helo por do viene
mi *Juan Redondo,*
con su cruz y sus armas
en el de a ocho.

Dime, ¿qué señas tiene
tu enamorado?
Es como un oro lindo,
doble y cruzado.

Dale, Perico;
no digo listones:
cadenas, digo.

Dale, muchacho;
que con darle camina
todo ganado.

Háganse a zaga;
que se ahorcan las mulas
con quien no paga.

De la *Carretería*
el baile es éste;
camino carretero
fue darlas siempre.

BIBLIOTECA DE LITERATURA
HISPANOAMERICANA

Rubén Darío
Antología
Prólogo de Octavio Paz
Edición de Carmen Ruiz Barrionuevo

Lucio V. Mansilla
Una excursión a los indios Ranqueles
Edición de Marcos Mayer

Don Juan Manuel
El conde de Lucanor
Edición de María Jesús Lacarra

Anónimo
Cantar de Mío Cid
Texto antiguo de Ramón Menéndez Pidal
Prosificación moderna de Alfonso Reyes
Introducción de Martín de Riquer

Roberto Arlt
El juguete rabioso
Edición de Ricardo Piglia

Gustavo Adolfo Bécquer
Rimas y declaraciones poéticas
Edición de Francisco López Estrada y Teresa López García Berdoy

Fernando de Rojas
La Celestina
Edición de Pedro M. Piñero Ramírez

Pedro Calderón de la Barca
La vida es sueño
Edición de Evangelina Rodríguez Cuadros

Ernesto Sabato
El Túnel
Prólogo de Silvia Sauter

Anónimo
Lazarillo de Tormes
Edición de Víctor García

Leopoldo Lugones
Cuentos Fantásticos
Prólogo de Noé Jitrik

Horacio Quiroga
Cuentos de amor, de locura y de muerte
Prólogo de Carlos Dámaso Martínez

Alfonsina Storni
Antología Poética
Edición de Delfina Muschietti

César Vallejo
Los Heraldos Negros / Poemas juveniles
Edición de Martín Prieto

Miguel Cané
Juvenilia
Prólogo de Josefina Ludmer

Mario Benedetti
La tregua
Prólogo de Silvia Lago

Raúl González Tuñón
La calle del agujero en la media / Todos bailan
Edición de Daniel Freidemberg

Jorge Manrique
Poesías Completas
Edición de Miguel Angel Pérez Priego

Miguel de Unamuno
Niebla
Edición de Germán Gullón